# Cuina del Nord d'Itàlia

# Sabors autèntics de la regió més deliciosa del país

## Andrea Rossi

# TAULA DE CONTINGUT

Pollastre Farcit a Ragù ............................................................................................. 9

Pollastre Bullit Rostit .............................................................................................. 12

Pollastre sota un maó ............................................................................................. 15

Amanida De Pollastre Al Llimona .......................................................................... 17

Amanida De Pollastre Amb Dos Pebrots .............................................................. 20

Amanida de pollastre estil Piemont ....................................................................... 23

Pit de Pavo Rellena Enrotllada ............................................................................... 26

Pastís de carn de gall dindi escalfat ...................................................................... 28

Rotlles de gall dindi amb salsa de tomàquet al vi negre ...................................... 31

Pit d'ànec amb figues agredolces .......................................................................... 34

Ànec rostit amb espècies ....................................................................................... 37

Guatlla a la paella amb porcí ................................................................................. 40

Guatlla a la planxa .................................................................................................. 43

Guatlla amb Tomàquet i Romero ........................................................................... 45

Guatlla Estofada ..................................................................................................... 47

Bistec a la graella, estil florentí ............................................................................. 49

Filet amb Glassejat Balsàmic ................................................................................. 51

Filets de petxina amb escalunyes, cansalada i vi negre ...................................... 53

Filet a rodanxes amb ruca ..................................................................................... 55

Filets de filet amb gorgonzola ............................................................................... 57

Rotlles de carn farcits amb salsa de tomàquet .................................................. 59

Carn de cap i cervesa .................................................. 61

Estofat de Carn i Ceba .................................................. 63

Estofat de vedella al pebre .................................................. 66

Estofat de vedella al friüli .................................................. 68

Estofat de carn mixta, estil caçador .................................................. 70

Estofat de res .................................................. 73

Estofat de cua de toro a la romana .................................................. 76

Cama de vedella estofada .................................................. 79

Albergínia Farcida de Carn .................................................. 82

Mandonguilles Napolitanes .................................................. 84

Mandonguilles amb Pinyons i Passa .................................................. 86

Mandonguilles amb col i tomàquet .................................................. 89

Mandonguilles, Estil Bolonya .................................................. 92

Mandonguilles a Marsala .................................................. 95

Pastís de carn, estil antic de Nàpols .................................................. 97

Rostit a l'olla amb vi negre .................................................. 99

Rostit a l'Olla amb Salsa de Ceba i Pasta .................................................. 101

Rotlle de vedella farcit sicilià .................................................. 104

Filet Rostit amb salsa d'olives .................................................. 108

Carns Bullides Mixtes .................................................. 110

Xuletes de porc marinades a la graella .................................................. 114

Costelles, Estil Friuli ..................................................................................................... 116

Costelles amb Salsa de Tomàquet ................................................................................ 118

Costelles especiades, estil toscà .................................................................................... 120

Costelles i fesols ............................................................................................................. 122

Xuletes de porc picants amb pebrots en escabetx ....................................................... 124

Chuletas de Porc amb Romero i Pomes ....................................................................... 126

Xuletes de porc amb salsa de xampinyons i tomàquet ................................................ 128

Chuletas de Porc amb Porcini i Vi Negre ..................................................................... 130

Xuletes de porc amb col ................................................................................................. 132

Chuletas de Porc amb Fonoll i Vi Blanc ....................................................................... 134

Xuletes de porc, estil pizzer .......................................................................................... 136

Chuletes de porc, estil Molise ....................................................................................... 138

Filet de porc glacejat amb balsàmic amb ruca i parmigià ........................................... 140

Filet de porc a les herbes ............................................................................................... 143

Filet de porc a la calabresa amb mel i Xile .................................................................. 145

Porc Rostit amb Patates i Romero ................................................................................ 148

Llom de Porc a la Llimona ............................................................................................ 150

Llom de Porc amb Pomes i Grappa .............................................................................. 153

Porc Rostit amb Avellanes i Nata ................................................................................. 155

Llom de porc toscà ......................................................................................................... 158

Espatlla de porc rostida amb fonoll .............................................................................. 160

Garrí rostit ...................................................................................................................... 162

Rostit de llom de porc desossat i especiat ... 165

Espatlla de porc a la brasa en llet ... 168

Espatlla de porc brasejada amb raïm ... 170

Paleta de porc a la cervesa ... 172

Xuletes de Xai al Vi Blanc ... 174

Xuletes de Xai amb Tàperes, Llimona i Sàlvia ... 176

Xuletes de xai cruixents ... 178

Xuletes de Xai amb Carxofes i Olives ... 180

Xuletes de Xai amb Salsa de Tomàquet, Tàperes i Anxoves ... 182

Xuletes de xai "cremar els dits" ... 184

Xai a la brasa, estil Basilicata ... 186

Broquetes de Xai a la Graella ... 188

Estofat de Xai amb Romero, Menta i Vi Blanc ... 190

Estofat de Xai d'Umbría amb Puré de Cigrons ... 192

Xai estil caçador ... 195

Guisat de Xai, Papa i Tomàquet ... 198

Guisat de Xai i Pebre ... 200

Cassola De Xai Amb Ous ... 202

Xai o cabrit amb patates, estil sicilià ... 205

Cassola de papes i xai d'Apulia ... 208

Cama de Xai amb Cigrons ... 211

Cama de Xai amb Pebrots i Prosciutto ... 213

Cama de Xai amb Tàperes i Olives ........................................................................................ 216

# Pollastre Farcit a Ragù

## Pollastre Ripieno al Ragù

**Rendeix 6 porcions**

*La meva àvia solia fer pollastre daquesta manera per a les festes i ocasions especials. El farcit no només dóna sabor al pollastre des d'endins, sinó que qualsevol farcit que es vessi a la salsa li dóna un sabor extra.*

*Una generosa quantitat de salsa envoltarà el pollastre. Podeu deixar-lo a un costat per servir amb pasta per a un altre menjar.*

8 unces d'espinacs, tallats

8 unces de vedella mòlta

1 ou gran, batut

¼ de tassa de pa ratllat sec

¹1/4 tassa de Pecorino Romà acabat de ratllar

Sal i pebre negre acabat de moldre

1 pollastre (3½ a 4 lliures)

2 cullerades d'oli d'oliva

1 ceba mitjana picada

1/2 tassa de vi blanc sec

1 llauna (28 unces) de tomàquets pelats, passats per un molí d'aliments

1 full de llorer

1. Poseu els espinacs en una olla gran a foc mitjà amb 1/4 de tassa d'aigua. Tape i cuini de 2 a 3 minuts o fins que s'estovin i estiguin tendres. Escórrer i refredar. Emboliqueu els espinacs en un drap sense borrissol i espremeu la major quantitat d'aigua possible. Pica finament els espinacs.

2. En un bol gran, combineu l'espinac picat, la vedella, l'ou, el pa ratllat, el formatge i sal i pebre al gust. Barrejar bé.

3. Esbandiu el pollastre i assequeu-lo. Escampar-hi per dins i per fora amb sal i pebre. Ompliu la cavitat del pollastre sense prémer amb el farcit.

4. En una cassola gran i pesada, escalfeu l'oli a foc mitjà. Afegiu el pollastre amb el pit cap avall. Cuini per 10 minuts o fins que es dauri. Dóna la volta al pollastre amb el pit cap amunt. Escampar la ceba al voltant del pollastre i daurar-ho, uns 10 minuts més.

Escampeu el farciment sobrant al voltant del pollastre. Afegiu el vi i cuini a foc lent 1 minut. Aboqui els tomàquets, la fulla de llorer i la sal i pebre al gust sobre el pollastre. Abaixa el foc i tapa parcialment la paella. Cuini 30 minuts.

**5.** Dóna la volta al pollastre amb compte. Cuini parcialment tapat 30 minuts més. Si la salsa és massa fina, destapeu la paella. Cuini 15 minuts més, o fins que el pollastre es desprengui de l'os quan el provi amb una forquilla.

**6.** Traieu el pollastre de la salsa. Talla el pollastre i col·loca'l en una plata. Traieu el greix de la salsa amb una cullera gran o amb un separador de greixos. Aboqui una mica de salsa sobre el pollastre i serveixi calenta.

## *Pollastre Bullit Rostit*

## *Pollastre Bollito Arrosto*

**Rendeix 4 porcions**

Lleona Ancona Cantone, una amiga de l'escola secundària, em va dir que la seva mare, la família de la qual era d'Abruzzo, solia fer alguna cosa així fa molts anys. M'imagino que la recepta va sorgir com una manera de treure el màxim partit a un pollastre, perquè aporta tant brou com carn rostida. El mètode de bullit i rostit el converteix en una au molt tendra.

1 pollastre (3 1/2 a 4 lliures)

1 pastanaga

1 costella d'api

1 ceba pelada

4 o 5 branquetes de julivert

Sal

2/3 tassa de pa ratllat

1/3 tassa de Parmigiano-Reggiano acabat de ratllar

1/2 culleradeta d'orenga seca, esmicolat

2-3 cullerades d'oli d'oliva

2 cullerades de suc de llimona

Pebre negre acabat de moldre

1. Fica les puntes de les ales darrere l'esquena. Col·loqueu el pollastre en una olla gran i afegiu aigua freda per cobrir. Porteu el líquid a foc lent i cuini 10 minuts. Traieu l'escuma amb una cullera gran.

2. Afegeix-hi la pastanaga, l'api, la ceba, el julivert i la sal al gust. Cuini a foc mitjà-baix fins que el pollastre estigui tendre en punxar amb una forquilla a la part més gruixuda de la cuixa i els sucs surtin clars, uns 45 minuts. Treu el pollastre de l'olla. (Podeu afegir més ingredients, com carn o retallades de pollastre, al brou i cuinar-lo durant 60 minuts més o menys. Colar i refrigerar el brou o congelar per a sopes o altres usos).

3. Col·loqueu una reixeta al centre del forn. Preescalfeu el forn a 450 ° F. Greixeu una safata per enfornar gran.

4. En un plat, barregeu el pa ratllat, el formatge, l'orenga, l'oli d'oliva, el suc de llimona i sal i pebre al gust.

**5.** Amb unes tisores de cuina pesades, talli el pollastre a trossos per servir. Submergeixi el pollastre a les molles, picant-los perquè s'adhereixin. Col·loqueu el pollastre al motlle per coure preparat.

**6.** Enforneu per 30 minuts o fins que la base estigui daurada i cruixent. Serviu-ho calent oa temperatura ambient.

# Pollastre sota un maó

## Pollastre al Mattone

**Rendeix 2 porcions**

*El pollastre partit i aplanat cuinat sota un pes resulta cruixent per fora i sucós per dins. A Toscana, podeu comprar un disc de terracota pesat especial que aplana el pollastre i el sosté uniformement contra la superfície de la paella. Utilitzo una paella pesada de ferro colat, coberta per fora amb paper d'alumini, com a pes, però els maons ordinaris embolicats en paper d'alumini també funcionaran bé. És important utilitzar un pollastre molt petit o fins i tot una gallina de Cornualla amb aquesta recepta; en cas contrari, l'exterior s'assecarà abans que es cuini la carn propera a l'os.*

1 pollastre petit (al voltant de 3 lliures)

Sal i pebre negre acabat de moldre

1/3 tassa d'oli d'oliva

1 llimona tallada a grills

1. Assequi el pollastre amb copets. Amb un ganivet de xef gran o unes tisores per a aus, dividiu el pollastre al llarg de la columna. En una taula de tallar, obriu el pollastre pla com un llibre. Talla

l'os de la quilla que separa les mames. Traieu les puntes de les ales i la segona secció de les ales a l'articulació. Aplana el pollastre picant-lo suaument amb un mall de goma o un altre objecte pesat. Empolvora generosament pels dos costats amb sal i pebre.

2.Trieu una paella que contingui el pollastre aplanat i el pes. Trieu una segona paella o paella pesada que pugui pressionar el pollastre de manera uniforme. Cobriu la part inferior amb paper d'alumini, doblegant les vores del paper d'alumini sobre l'interior de la paella per assegurar-ho. Si cal per al pes, ompliu la paella coberta amb paper d'alumini amb maons.

3.Aboqui l'oli a la paella de cocció i calenta a foc mitjà. Afegiu el pollastre amb la pell cap avall. Col·loqueu el pes a sobre. Cuini fins que la pell estigui daurada, de 12 a 15 minuts.

4.Fes lliscar una espàtula fina sota el pollastre per deixar-lo anar de la paella. Amb compte, voltegeu el pollastre amb la pell cap amunt. Reemplaceu el pes i cuini el pollastre fins que els sucs surtin clars quan es perfora la cuixa, uns 12 minuts més. Serveixi calent amb rodanxes de llimona.

## Amanida De Pollastre Al Llimona

*Insalata di Pollastre al Limone*

**Rendeix 6 porcions**

*Un dia d'estiu molt calorós quan era a Bordighera, a Ligúria, a prop de la frontera francesa, em vaig aturar en un cafè per esmorzar i sortir del sol. El cambrer em va recomanar aquesta amanida de pollastre acabada de fer, que em va recordar a l'amanida niçoise que havia menjat uns dies abans a França. La tonyina enllaunada és típica a Niça, però aquesta versió italiana amb pollastre també és bona.*

*Aquesta és una amanida de pollastre ràpida, així que ús pits de pollastre, però es pot fer amb la carn de pollastres sencers. El pollastre es pot cuinar amb anticipació i marinar al guarniment, però les verdures saben millor si no es refrigeren després de cuinar-les. Podeu mantenir-los a temperatura ambient durant aproximadament una hora fins que estiguin llestos per armar l'amanida.*

4 tasses casolanes<u>Brou de pollastre</u>, o una barreja de brou i aigua comprats a la botiga

4 a 6 papes zeroses petites, com Yukon Gold

8 unces d'exots, tallats a trossos d'1 polzada

Sal

2 lliures de pits de pollastre desossats i sense pell, sense greix

**Embenat**

1/2 tassa d'oli d'oliva extra verge

2 cullerades de suc de llimona fresca o al gust

1 cullerada de tàperes, esbandidas, escorregudes i picades

1/2 culleradeta d'orenga seca, esmicolat

Sal i pebre negre acabat de moldre

2 tomàquets mitjans, tallats a grills

1. Prepara el brou, si cal. Col·loca les patates en una cassola. Afegiu aigua freda per cobrir. Cobriu la paella i bulliu l'aigua a foc lent. Cuini fins que estigui tendre en punxar-lo amb un ganivet, uns 20 minuts. Escorrem les patates i deixem refredar una mica. Peleu les pells.

2. Poseu a bullir una cassola mitjana amb aigua. Afegeix les mongetes tendres i la sal al gust. Cuini fins que els fesols estiguin

tendres, uns 10 minuts. Escorreu els fesols i refredeu-los amb aigua corrent. Assequeu els fesols amb copets.

3. En una cassola gran, bulli el brou a foc lent (si no està acabat de fer). Afegeix els pits de pollastre i tapa la paella. Cuini, voltejant el pollastre una vegada, 15 minuts, o fins que estigui tendre i el suc del pollastre surti clar en punxar-lo amb una forquilla. Escorre els pits de pollastre, reservant el brou per a un altre ús. Talla el pollastre a rodanxes transversals i col·loca'l en un bol mitjà.

4. En un bol petit, barregi els ingredients del guarniment. Aboqui la meitat del guarniment sobre el pollastre. Barregeu bé les peces per cobrir-les. Proveu i ajusteu la saó. Col·loqueu el pollastre al centre d'una font gran. Cobriu i refredeu fins a 2 hores.

5. Col·loqueu les mongetes tendres, les papes i els tomàquets al voltant del pollastre. Ruixeu amb el guarniment restant i serveixi immediatament.

# Amanida De Pollastre Amb Dos Pebrots

*Insalata di Pollo amb Peperoni*

**Rendeix de 8 a 10 porcions**

*Tant els pebrots morrons rostits com els pebrots cirera picants en escabetx afegeixen interès a aquesta amanida. Si els xilis cherry no estan disponibles, substituïu-los per un altre xile en escabetx, com el jalapeny o el pepperoncí. Els pebrots rostits en flascons són convenients si no té temps per rostir els seus. Aquesta recepta fa molt pollastre, per la qual cosa és ideal per a una festa. Si ho preferiu, la recepta es pot reduir a la meitat fàcilment.*

2 pollastres petits (al voltant de 3 lliures cadascun)

2 pastanagues

2 costelles d´api

1 ceba

Unes branquetes de julivert

Sal

6 grans de pebre negre

6 campana vermella o groga<u>Morrons rostits</u>, pelat i tallat a tires fines

## Salsa

1/2 tassa d'oli d'oliva

3 cullerades de vinagre de vi

1/4 tassa de julivert fresc picat

2 cullerades de pebrots cherry picats en escabetx finament picats, o al gust

1 gra d'all finament picat

4 a 6 tasses d'enciams mixtes

1. Col·loqueu les gallines en una olla gran i afegiu aigua freda per cobrir. Porteu el líquid a foc lent i cuini 10 minuts. Amb una cullera, desnatar i rebutjar l'escuma que puja a la superfície.

2. Afegeix-hi la pastanaga, l'api, la ceba, el julivert i la sal al gust. Cuini a foc mitjà-baix fins que el pollastre estigui tendre i els sucs surtin clars, aproximadament 45 minuts.

3. Mentrestant, rostit els pebrots morrons, si cal. Quan el pollastre estigui cuit, treu-lo de l'olla. Reserva el brou per a un altre ús.

**4.** Deixeu que el pollastre s'escorri i es refredi. Retireu la carn. Talla la carn a trossos de 2 polzades i col·loca'ls en un bol amb els pebrots morrons rostits.

**5.** En un bol mitjà, barregeu els ingredients de la salsa. Ruixeu la meitat de la salsa sobre el pollastre i els pebrots i barregi bé. Cobreixi i refredi a la nevera fins a 2 hores.

**6.** Just abans de servir, barregeu el pollastre amb la salsa restant. Proveu i ajusteu el condiment, afegint més vinagre si és necessari. Col·loca les verdures en una plata per servir. Cobreixi amb pollastre i pebrots. Serviu-ho immediatament.

# Amanida de pollastre estil Piemont

## Insalata di Pollastre Piemontese

**Rendeix 6 porcions**

*A la regió de Piemont, els àpats als restaurants solen començar amb una llarga sèrie d'antipasti. Així va ser com vaig provar per primera vegada aquesta amanida a Belvedere, un restaurant clàssic de la regió. M'agrada servir-lo com a plat principal per dinar a la primavera o estiu.*

*Per a un àpat ràpid, prepareu aquesta amanida amb un pollastre rostit comprat a la botiga en lloc de pollastre escalfat. El gall dindi rostit també seria bo.*

1 pollastre (3 1/2 a 4 lliures)

2 pastanagues

2 costelles d'api

1 ceba

Unes branquetes de julivert

Sal

6 grans de pebre negre

8 unces de xampinyons blancs, a rodanxes fines

2 costelles d'api, a rodanxes fines

1/4 tassa d'oli d'oliva

1 llauna (2 unces) de filets d'anxova, escorreguts i picats

1 cullradeta de mostassa de Dijon

2 cullerades de suc de llimona recent espremuda

Sal i pebre negre acabat de moldre

Aproximadament 6 tasses de fulles verdes per a amanida, tallades a trossos petits

Un petit tros de Parmigiano-Reggiano

1. Col·loqueu el pollastre en una olla gran i afegiu aigua freda per cobrir. Porteu el líquid a foc lent i cuini 10 minuts. Amb una cullera gran, traieu l'escuma que puja a la superfície.

2. Afegeix-hi les pastanagues, l'api, la ceba, el julivert i la sal al gust. Cuini a foc mitjà-baix fins que el pollastre estigui tendre i els sucs surtin clars, aproximadament 45 minuts. Treu el pollastre de l'olla. Reserva el brou per a un altre ús.

3. Deixeu que el pollastre s'escorri i es refredi una mica. Traieu la carn de la pell i els ossos. Talla la carn a trossos de 2 polzades.

4. En un bol gran, combineu els trossos de pollastre, els xampinyons i l'api a rodanxes fines.

5. En un bol mitjà, barregeu l'oli, les anxoves, la mostassa, el suc de llimona i la sal i pebre al gust. Barregeu la barreja de pollastre amb el guarniment. Esteneu les verdures per a amanida en una plata i cobriu amb la barreja de pollastre.

6. Amb un pelador de verdures de fulla giratòria, afaiti el Parmigiano-Reggiano sobre l'amanida. Serviu-ho immediatament.

# Pit de Pavo Rellena Enrotllada

## Rollata di Tacchino

**Rendeix 6 porcions**

*Les meitats de pit de gall dindi són fàcils de trobar a la majoria dels supermercats. En aquest plat d'Emília-Romagna, després de desossar i aplanar el pit de gall dindi, la carn s'enrotlla i es rosteix amb la pell coberta per mantenir-la humida. Serveix el rostit calent o fred. També és un bon entrepà servit amb maionesa de llimona.*

½ pit de gall dindi (aproximadament 2½ lliures)

1 gra d'all finament picat

1 cullerada de romaní fresc picat

Sal i pebre negre acabat de moldre

2 unces de prosciutto italià importat, finament llescat

2 cullerades d'oli d'oliva

1. Col·loqueu una reixeta al centre del forn. Preescalfeu el forn a 350 ° F. Greixeu una safata per coure petita.

2. Amb un ganivet esmolat, traieu la pell del gall dindi en una sola peça. Fes-ho de banda. Talla el pit de gall dindi de l'os. Col·loqueu el pit amb el costat desossat cap amunt sobre una taula de tallar. Començant per un costat llarg, talli el pit de gall dindi per la meitat al llarg, aturant just abans de l'altra banda llarga. Obre el pit de gall dindi com un llibre. Aplana el gall dindi amb un mall de carn fins que tingui aproximadament 1/2 polzada de gruix.

3. Empolvoreu el gall dindi amb all, romaní i sal i pebre al gust. Col·loqueu el prosciutto a sobre. Començant per un dels costats llargs, enrotlli la carn en un cilindre. Col·loqueu la pell de gall dindi sobre el rotlle. Lligueu el rotllo amb fil de cuina a intervals de 2 polzades. Col·loqueu el rotlle amb la costura cap avall a la paella preparada. Ruixeu amb l'oli i empolvoreu amb sal i pebre.

4. Rosti el gall dindi de 50 a 60 minuts, o fins que la temperatura interna de la carn sigui de 155 °F en un termòmetre de lectura instantània. Deixeu reposar 15 minuts abans de tallar. Serviu-ho calent oa temperatura ambient.

# Pastís de carn de gall dindi escalfat

## Polpettone di Tacchino

**Rendeix 6 porcions**

*A Itàlia, el gall dindi sovint es talla en trossos o es mol en lloc de rostir-lo sencer. Aquesta fogassa piemontesa s'escalfa, donant-li una textura més semblant a un paté.*

*Aquesta foguera està ben freda o calenta. Servir amb Salsa verda, o una salsa de tomàquet fresca.*

4 o 5 llesques de pa italià, sense escorça i tallat a trossos (aproximadament 1 tassa)

1/2 tassa de llet

2 cullerades de julivert fresc picat

1 gra d'all gran

4 unces de cansalada, picada

½ tassa de Parmigiano-Reggiano acabat de ratllar

Sal i pebre negre acabat de moldre

1 lliura de gall dindi mòlt

2 ous grans

¼ tassa de festucs, sense pell i picats en trossos grans

1. Remullar el pa a la llet freda durant 5 minuts o fins que estigui tou. Espremeu suaument el pa i poseu-lo en un processador d'aliments equipat amb una fulla d'acer. Rebutja la llet.

2. Afegeix-hi el julivert, l'all, la cansalada, el formatge i sal i pebre al gust. Processeu fins que estigui finament picat. Afegiu el gall dindi i els ous i barregi fins que quedi suau. Afegeix els festucs amb una espàtula.

3. Esteneu un tros d'estopilla humitejada de 14 × 12 polzades sobre una superfície plana. Amb la barreja de gall dindi, formi una barra de pa de 8 × 3 polzades i centri-la al drap. Embolica el gall dindi amb el drap i embolica-ho per complet. Amb fil de cuina, lligueu el pa a intervals de 2 polzades com si estigués lligant un rostit.

4. Ompliu una olla gran amb 3 litres daigua freda. Porta el líquid a foc lent.

**5.** Afegiu la fogassa i poche, parcialment tapada, 45 minuts o fins que els sucs surtin clars quan la fogassa es punxi al centre amb una forquilla.

**6.** Retireu el pa del líquid i deixeu-ho refredar 10 minuts. Desemboliqui i tall a rodanxes per servir.

## *Rotlles de gall dindi amb salsa de tomàquet al vi negre*

### *Rollatini a Salsa Rosa al Vi*

**Rendeix 4 porcions**

*Quan vaig casar-me per primera vegada, una veïna em va donar aquesta recepta de la regió d'origen de la seva família, Puglia. Ho he jugat al llarg dels anys, i encara que ella va fer servir costelles de vedella, prefereixo fer-ho amb gall dindi. Els rotllos es poden preparar amb anticipació i emmagatzemar a la nevera. Es reescalfen molt bé un o dos dies després.*

4 unces de vedella mòlta o gall dindi

2 unces de cansalada finament picada

1 1/4 tassa de julivert fresc picat

1 gra d'all petit, finament picat

1/4 de tassa de pa ratllat sec

Sal i pebre negre acabat de moldre

1¼ de lliura de costelles de gall dindi a rodanxes fines, tallades en 12 trossos

2 cullerades d'oli d'oliva

1/2 tassa de vi negre sec

2 tasses de tomàquets frescos pelats, sense llavors i picats, o tomàquets enllaunats escorreguts i picats

Písca de pebrot vermell triturat

1. En un bol gran, combineu la vedella, la cansalada, el julivert, l'all, el pa ratllat i sal i pebre al gust. Formeu la barreja en 12 salsitxes petites d'aproximadament 3 polzades de llarg. Col·loqueu una salsitxa al final d'una costella de gall dindi. Enrotlli la carn per tancar la salsitxa. Amb un escuradents, subjecteu el rotlle amb agulles al centre, paral·lel al rotllo. Repetiu amb les salsitxes i costelles restants.

2. En una paella mitjana, escalfeu l'oli d'oliva a foc mitjà. Afegiu els rotllos i daureu per tot arreu, aproximadament 10 minuts. Afegiu el vi i deixeu-ho a foc lent. Cuini 1 minut, donant volta als panets.

3. Afegeix els tomàquets, la sal al gust i un pessic de pebrot vermell triturat. Redueix la calor com a mínim. Cobriu parcialment la

paella. Cuini, afegint una mica d'aigua tèbia segons sigui necessari per evitar que la salsa s'assequi massa, durant 20 minuts o fins que els panets estiguin tendres en punxar-los amb una forquilla.

4. Transferiu els panets a una font. Traieu els escuradents i aboqui la salsa per sobre. Serviu-ho calent.

# Pit d'ànec amb figues agredolces

## Petto di Anatra amb Agrodolce di Fichi

**Rendeix 4 porcions**

*Aquesta recepta contemporània de Piemont per a pits d'ànec saltejats amb figues i vinagre balsàmic és perfecta per a un sopar especial. El pit d'ànec està en el millor moment quan es cuina a foc mitjà i encara rosa a la part més gruixuda. Serveixi amb espinacs amb mantega i un gratinat de papa.*

2 pits d'ànec desossats (aproximadament 2 lliures cadascuna)

Sal i pebre negre acabat de moldre

8 figues verdes o negres madures fresques, o figues seques

1 cullerada de sucre

1/4 tassa de vinagre balsàmic anyenc

1 cullerada de mantega sense sal

1 cullerada de julivert fresc picat

**1.** Treu els pits d'ànec del frigorífic 30 minuts abans de cuinar-los. Esbandiu els pits d'ànec i assequeu-los. Tallar 2 o 3 talls diagonals a la pell dels pits d'ànec sense tallar la carn. Empolvora generosament amb sal i pebre.

2. Mentrestant, talli les figues fresques per la meitat oa quarts si són grans. Si utilitzeu figues seques, remulleu-les en aigua tèbia fins que estiguin gruixuts, de 15 a 30 minuts. Escórrer, després tallar a quarts.

3. Col·loqueu una reixeta al centre del forn. Preescalfa el forn a 350 ° F. Tingues preparada una safata per coure petita.

4. Escalfeu una paella antiadherent gran a foc mitjà-alt. Afegeix els pits d'ànec amb la pell cap avall. Cuini l'ànec sense capgirar fins que estigui ben daurat pel costat de la pell, de 4 a 5 minuts.

5. Unteu la safata per enfornar amb una mica de greix d'ànec de la paella. Col·loqueu els pits d'ànec amb la pell cap amunt a la paella i rostit de 5 a 6 minuts, o fins que la carn tingui un color rosat quan es talli a la part més gruixuda.

6. Mentre l'ànec és al forn, aboqui el greix de la paella però no el netegi. Afegeix les figues, el sucre i el vinagre balsàmic. Cuini, fent girar la paella, fins que el líquid estigui lleugerament espès, aproximadament 2 minuts. Retireu-ho del foc i incorporeu-hi la mantega.

**7.** Quan estigui llest, poseu els pits d'ànec en una taula de tallar. Talla els pits de pollastre a rodanxes diagonals de 3/4 de polzada. Aireu les rodanxes en 4 plats calents per servir. Aboqui la salsa de figues. Empolvoreu amb julivert i serveixi immediatament.

# Ànec rostit amb espècies

## Anatra allo Spezie

**Rendeix de 2 a 4 porcions**

*A Piemont, els ànecs salvatges s'estofen amb vi negre, vinagre i espècies. Com que la varietat d'ànecs domesticats de Pequín que estan disponibles als Estats Units és molt greixosa, he adaptat aquesta recepta per rostir. No hi ha molta carn en un ànec, així que espereu obtenir només dues porcions grans o quatre petites. Les tisores per a aus són de gran ajuda per tallar l'ànec a trossos per servir.*

1 ànec (al voltant de 5 lliures)

2 dents d'all picades

2 cebes mitjanes, a rodanxes fines

1 cullerada de romaní fresc picat

3 dents senceres

1/2 culleradeta de canyella en pols

1/4 tassa de vi negre sec

2 cullerades de vinagre de vi negre

1. Amb una forquilla, punxeu tota la pell per permetre que el greix s'escapi quan estigui cuit. Aneu amb compte de punxar només la superfície de la pell i eviteu punxar la carn.

2. En un bol mitjà, barregeu l'all, la ceba, el romaní, el clau i la canyella. Escampa al voltant d'un terç de la barreja en una plata per enfornar mitjana. Col·loca l'ànec a la paella i omple una mica de la barreja. Apila la resta de la barreja a sobre de l'ànec. Cobreixi i refrigeri durant la nit.

3. Col·loqueu una reixeta al centre del forn. Preescalfeu el forn a 325 ° F. Traieu els ingredients de la marinada de l'ànec i poseu-los a la paella. Rosteix l'ànec amb el pit cap avall durant 30 minuts.

4. Donar la volta al pit d'ànec i abocar-hi el vi i el vinagre. Rosteix 1 hora, ruixant cada 15 minuts amb el líquid de la paella. Puja la temperatura del forn a 400 ° F. Aixi 30 minuts més, o fins que l'ànec estigui ben daurat i la temperatura a la cuixa registri 175 ° F en un termòmetre de lectura instantània.

5. Transferiu l'ànec a una taula de tallar. Cobrir amb paper alumini i deixar reposar 15 minuts. Coleu els sucs de la paella i desnateu

el greix amb una cullera. Torneu a escalfar els sucs de la paella si cal.

**6.**Tallar l'ànec a trossos per servir i servir calent amb els sucs.

# Guatlla a la paella amb porcí

## Quaglie a Tegame amb Funghi Porcini

**Rendeix de 4 a 8 porcions**

*A Buttrio, a Friuli-Venezia Giulia, el meu marit i jo vam menjar a Trattoria Al Parco, un restaurant que ha estat en el negoci des de la dècada de 1920. El cor del restaurant és el fogolar, una enorme xemeneia típica de les llars d'aquesta regió. La gent de Friuli sovint compta amb afecte els records de la infància de les nits passades al voltant del fogolar, cuinant i explicant històries. El fogolar d'Al Parco s'encén cada nit i s'utilitza per rostir carns i xampinyons. La nit que hi vam ser, els ocellets en una rica salsa de fongs van ser l'especialitat.*

1 unça de fongs porcí i secs (aproximadament 3/4 de tassa)

2 tasses d'aigua calenta

8 guatlles, preparades com s'indica a l'extrem dret

8 fulles de sàlvia

4 llesques de cansalada

Sal i pebre negre acabat de moldre

2 cullerades de mantega sense sal

1 cullerada d'oli d'oliva

1 ceba petita finament picada

1 pastanaga finament picada

1 costella d'api tendra, finament picada

1/2 tassa de vi blanc sec

2 culleradetes de pasta de tomàquet

1. Remulleu els xampinyons a l'aigua durant almenys 30 minuts. Traieu els xampinyons de l'aigua, reserveu el líquid. Esbandiu els fongs amb aigua corrent freda, prestant especial atenció als extrems de la tija on s'acumula la terra. Coleu el líquid de fongs reservat a través d'un tovalló de roba o un filtre de cafè de paper en un bol. Picar els xampinyons a trossos grans. Deixeu-ho de banda.

2. Esbandiu les guatlles per dins i per fora i assequeu-les a fons. Reviseu-los a la recerca de plomes i traieu-les. Col·loca dins un tros de cansalada, un full de sàlvia i un pessic de sal i pebre.

3. En una paella gran, escalfeu la mantega i l'oli a foc mitjà. Afegiu les guatlles i cuini, donant-los la volta de tant en tant, fins que

estiguin ben daurades per tot arreu, uns 15 minuts. Transferiu les guatlles a un plat. Afegiu la ceba, la pastanaga i l'api a la paella. Cuini, remenant amb freqüència, durant 5 minuts o fins que s'estovi.

**4.** Afegiu el vi i cuini a foc lent 1 minut. Afegiu els xampinyons, la pasta de tomàquet i el líquid dels xampinyons. Torneu les guatlles a la paella. Escampar-hi sal i pebre.

**5.** Porta el líquid a foc lent. Reduïu el foc a baix. Tape i cuini, voltejant i ruixant les guatlles de tant en tant, aproximadament 1 hora o fins que les aus estiguin molt tendres en punxar-les amb una forquilla.

**6.** Si hi ha massa líquid a la paella, traieu les guatlles a una plata per servir i cobriu-les amb paper d'alumini per mantenir-les calentes. Pugeu el foc a alt i bulliu el líquid fins que es redueixi. Aboqui la salsa sobre les guatlles i serveixi immediatament.

# Guatlla a la planxa

## Qualie alla Griglia

**Serveix de 2 a 4**

*El restaurant de La Badia a Orvieto s'especialitza en carns cuinades en una graella de llenya. Salsitxes, ocellets i grans rostits giran lentament sobre les flames, omplint el restaurant de deliciosos aromes. Aquestes guatlles, cuinades en una graella o rostidor, estan inspirades en les que vaig menjar a Umbria. Els ocells resulten cruixents per fora i sucosos per dins.*

4 guatlles, descongelades si estan congelades

1 gra d'all gran, finament picat

1 cullerada de romaní fresc picat

1/4 tassa d'oli d'oliva

Sal i pebre negre acabat de moldre

1 llimona tallada a grills

**1.** Esbandiu les guatlles per dins i per fora i assequeu-les a fons. Reviseu-los a la recerca de plomes i traieu-les. Amb unes tisores per a aus, talleu la guatlla per la meitat per l'esquena i l'estern.

Colpegeu suaument les meitats de guatlla amb un mall de carn o de goma per aplanar-les una mica.

**2.** En un bol gran, combineu l'all, el romaní, l'oli, la sal i el pebre al gust. Afegiu les guatlles al bol, remenant per cobrir. Cobreixi i refrigeri 1 hora fins a tota la nit.

**3.** Col·loqueu una graella per a barbacoa o graella a unes 5 polzades de la font de calor. Preescalfeu la graella o la graella.

**4.** Rosteix a la graella o rostit les meitats de guatlla fins que estiguin ben daurades per ambdós costats, aproximadament 10 minuts. Serveixi calent amb rodanxes de llimona.

## Guatlla amb Tomàquet i Romero

## Quaglie amb salsa

**Rendeix de 4 a 8 porcions**

*Molise, ubicada a la costa de l'Adriàtic al sud d'Itàlia, és una de les regions menys conegudes del país. És en gran part agrícola, amb poques instal·lacions per als turistes, i fins a la dècada de 1960 era en realitat parteix de la regió combinada d'Abruzzo i Molise. El meu marit i jo vam anar a visitar Majo di Norante, una finca vinícola i un agroturisme (una granja o celler en funcionament que també funciona com a hosteria) que produeix alguns dels millors vins de la regió.*

*Vam menjar guatlles preparades en una salsa lleugera de tomàquet aromatitzada amb romaní a la Vecchia Trattoria da Tonino a Campobasso. Proveu-lo amb un vi Majo di Norante, com un sangiovese.*

1 ceba petita picada

2 unces de cansalada picada

2 cullerades d'oli d'oliva

8 guatlles congelades fresques o descongelades

1 cullerada de romaní fresc picat

Sal i pebre negre acabat de moldre

3 cullerades de pasta de tomàquet

1 tassa de vi blanc sec

1. En una paella gran amb tapa hermètica, cuini la ceba i la cansalada a l'oli d'oliva a foc mitjà fins que la ceba estigui daurada, aproximadament 10 minuts. Empenyeu els ingredients cap als costats de la paella.

2. Esbandiu les guatlles per dins i per fora i assequeu-les a fons. Reviseu-los a la recerca de plomes i traieu-les. Afegeix les guatlles a la paella i daura-les per tot arreu, uns 15 minuts. Empolvoreu amb el romaní i sal i pebre al gust.

3. En un bol petit, barregeu la pasta de tomàquet i el vi. Aboqui la barreja sobre les guatlles i remeni bé. Redueix la calor com a mínim. Tape i cuini, donant volta a les guatlles de tant en tant, uns 50 minuts o fins que estiguin molt tendres en punxar-les amb una forquilla. Serviu-ho calent.

# Guatlla Estofada

## Quaglie Stufate

**Rendeix 4 porcions**

*Gianni Cosetti és el xef i propietari del Restaurant Roma a Tolmezzo, a la regió muntanyosa de Càrnia de Friuli-Venezia Giulia. És famós per les seves interpretacions modernes de receptes tradicionals i ingredients locals. Quan vaig menjar allà, em va dir que aquesta recepta es prepara tradicionalment amb perquè, petits ocells de caça que van ser caçats al seu pas per la regió en la seva migració anual. Avui dia, Gianni fa servir només aus de caça fresques i les embolica en una jaqueta de cansalada perquè es mantinguin humides i tendres mentre es cuinen. Va recomanar servir-les amb un schioppetí, un vi negre de Friuli.*

8 guatlles

16 baies de ginebre

Aproximadament 16 fulles de sàlvia fresques

4 dents d'all, a rodanxes fines

Sal i pebre negre acabat de moldre

8 rodanxes fines de cansalada

2 cullerades de mantega sense sal

2 cullerades d'oli d'oliva

1 tassa de vi blanc sec

1. Esbandiu les guatlles per dins i per fora i assequeu-les a fons. Reviseu-los a la recerca de plomes i traieu-les. Omple cada guatlla amb 2 baies de ginebre, una fulla de sàlvia i algunes de les rodanxes d'all. Empolvoreu els ocells amb sal i pebre. Col·loqueu un full de sàlvia sobre cada guatlla. Desenrotlla la cansalada i embolica una llesca al voltant de cada guatlla. Lliga un tros de fil de cuina al voltant de la cansalada per mantenir-la al seu lloc.

2. En una paella gran amb tapa hermètica, fongui la mantega amb l'oli a foc mitjà. Afegeix les guatlles i daura les aus per tot arreu, uns 15 minuts.

3. Afegiu el vi i deixeu bullir a foc lent. Tapa la paella, baixa el foc i cuina, voltejant i ruixant la guatlla amb el líquid diverses vegades, de 45 a 50 minuts o fins que les guatlles estiguin molt tendres. Afegiu una mica daigua si la paella sasseca massa. Serviu-ho calent.

# Bistec a la graella, estil florentí

## Bistecca Fiorentina

**Rendeix de 6 a 8 porcions**

*La carn de boví de millor qualitat a Itàlia prové de la gran raça de bestiar blanc pur coneguda com a Chianina. Es creu que aquesta raça, anomenada així per la vall de Chiana a Toscana, és un dels tipus més antics de bestiar domèstic. Originalment se'ls mantenia com a animals de tir i se'ls criava perquè fossin molt grans i dòcils. Com que les màquines s'han fet càrrec de la seva feina a les granges modernes, el bestiar de Chianina ara es cria per la seva carn d'alta qualitat.*

*Els filets Porterhouse, que són un tall transversal del llom curt i el llom separats per un os en forma de T, es tallen de carn de cap de bestiar de Chianina i es cuinen d'aquesta manera a la Toscana. Encara que la carn de cap de bestiar Chianina no està disponible als Estats Units, encara pot obtenir deliciosos bistecs amb aquesta recepta. Compri carn de la millor qualitat que pugui.*

2 filets porterhouse, de 1½ polzades de gruix (aproximadament 2 lliures cadascun)

Sal i pebre negre acabat de moldre

Oli d'oliva verge extra

Rodanxes de llimona

1. Col·loqueu una graella per a barbacoa o graella a unes 4 polzades de distància de la font de calor. Preescalfeu la graella o la graella.

2. Empolvoreu els filets amb sal i pebre. Rosteix la carn a la graella de 4 a 5 minuts. Volteu la carn amb pinces i cuini uns 4 minuts més perquè estigui poc feta, o de 5 a 6 minuts perquè estigui poc feta, depenent del gruix dels bistecs. Per comprovar si està cuit, feu un petit tall a la part més gruixuda. Per a una cocció més perllongada, moveu els filets a una part més freda de la graella.

3. Deixeu reposar els filets 5 minuts abans de tallar-los transversalment a rodanxes fines. Empolvora amb més sal i pebre. Ruixeu amb oli. Serveixi calent amb rodanxes de llimona.

## Filet amb Glassejat Balsàmic

### Bistecca al Balsamic

**Rendeix 6 porcions**

*El filet de faldilla magre i desossat sap molt bé quan es banya amb vinagre balsàmic i oli d'oliva abans de rostir-lo a la graella o rostir-lo. El vinagre balsàmic conté sucres naturals, per la qual cosa quan s'aplica sobre les carns abans de rostir-les, rostir-les o rostir-les, ajuda a formar una agradable escorça marró que segella els sucs de la carn i afegeix un sabor suau. Utilitzeu el millor vinagre balsàmic que pugueu trobar.*

2 cullerades d'oli d'oliva extra verge i més per ruixar

2 cullerades de vinagre balsàmic

1 gra d'all finament picat

1 filet de faldilla, aproximadament 1 1/2 lliures

Sal i pebre negre acabat de moldre

1. En un plat poc profund prou gran per contenir el bistec, combineu l'oli, el vinagre i l'all. Afegeix-hi el filet, girant-lo per

cobrir-lo amb la marinada. Tapeu i refrigereu fins a 1 hora, voltejant el bistec de tant en tant.

2. Col·loqueu una graella per a barbacoa o graella a unes 4 polzades de la font de calor. Preescalfeu la graella o la graella. Traieu el bistec de la marinada i assequeu-lo. Nansa o nansa el bistec de 3 a 4 minuts. Dóna la volta a la carn amb pinces i cuina uns 3 minuts més perquè estigui poc feta, o 4 minuts més perquè estigui poc feta, depenent del gruix del bistec. Per comprovar si està cuit, feu un petit tall a la part més gruixuda. Per a una cocció més perllongada, moveu el bistec a una part més freda de la graella.

3. Empolvoreu el filet amb sal i pebre. Deixeu reposar 5 minuts abans de tallar la carn al llarg del gra a rodanxes fines. Ruixeu-ho amb una mica d'oli d'oliva extra verge.

# Filets de petxina amb escalunyes, cansalada i vi negre

## Bistecca al Vi Rosso

**Rendeix 4 porcions**

*Els tendres filets de closca obtenen un impuls de sabor de la cansalada, les escalunyes i el vi negre.*

2 cullerades de mantega sense sal

1 llesca gruixuda de cansalada (aproximadament 1 unça), finament picada

2 filets de petxina desossada, d'aproximadament 1 polzada de gruix

Sal i pebre negre acabat de moldre

1/4 tassa de escalunyes picades

1/2 tassa de vi negre sec

½ tassa casolana<u>Brou de carn</u>o brou de cap de bestiar comprat a la botiga

2 cullerades de vinagre balsàmic

1. Preescalfeu el forn a 200 ° F. En una paella gran, fon 1 cullerada de mantega a foc mitjà. Afegeix la cansalada. Cuini fins que la

cansalada estigui daurada, uns 5 minuts. Traieu la cansalada amb una escumadora i aboqui el greix.

2. Assequeu els filets amb copets. Fondre la cullerada restant de mantega a la mateixa paella a foc mitjà. Quan l'escuma de mantega disminueixi, col·loqueu els filets a la paella i cuini fins que estiguin ben daurats, de 4 a 5 minuts. Escampar-hi sal i pebre. Volteu la carn amb pinces i cuini 4 minuts per l'altra banda perquè estigui poc feta, o de 5 a 6 minuts perquè estigui poc feta. Per comprovar si està cuit, feu un petit tall a la part més gruixuda. Transferiu els filets a una placa resistent a la calor i manteniu-los calents al forn.

3. Afegiu les escalunyes a la paella i cuini, remenant, durant 1 minut. Afegeix-hi el vi, el brou i el vinagre balsàmic. Deixeu bullir a foc lent i cuini fins que el líquid estigui espès i ensucrat, aproximadament 3 minuts.

4. Afegeix la cansalada als sucs de la paella. Aboqui la salsa sobre els filets i serveixi immediatament.

# Filet a rodanxes amb ruca

## Straccetti di Manzo

**Rendeix 4 porcions**

*Straccetti significa "petits draps", als quals s'assemblen aquestes estretes tires de carn. Abans de preparar aquest plat, poseu la carn al congelador fins que estigui prou ferma per tallar-la a rodanxes fines. Tingues tots els ingredients llestos, però no amaneixes l'amanida fins just abans de cuinar la carn.*

2 manats de ruca

4 cullerades d'oli d'oliva extra verge

1 cullerada de vinagre balsàmic

1 cullerada de escalunyes picades

Sal i pebre negre acabat de moldre

1 1/4 lliures de filet sense os magre o un altre bistec tendre

1 culleradeta de romaní fresc picat

1. Retalla la ruca, rebutjant les tiges i les fulles magullades. Renti'ls amb diversos canvis d'aigua freda. Assecar molt bé. Talla la ruca a trossos petits.

2. En un bol gran, barregi 2 cullerades d'oli, el vinagre, les escalunyes i sal i pebre al gust.

3. Amb un ganivet de llescar esmolat, tall el filet transversalment a rodanxes molt fines. Escalfeu una paella gran i pesada a foc mitjà. Quan estigui molt calent, afegiu les 2 cullerades restants d'oli d'oliva. Col·loqueu les rodanxes de carn a la paella en una sola capa, en lots si és necessari, i cuini fins que es daurin, aproximadament 2 minuts. Donar la volta a la carn amb unes pinces i escampar-hi sal i pebre. Cuini fins que estigui molt lleugerament daurat, aproximadament 1 minut, per poc.

4. Barregeu la ruca amb el guarniment i col·loqueu-la en una plata. Col·locar les rodanxes de vedella sobre la ruca i escampar-hi el romaní. Serviu-ho immediatament.

# Filets de filet amb gorgonzola

## Filetto di Manzo al Gorgonzola

**Rendeix 4 porcions**

*Els filets de llom tenen un sabor suau, però aquesta luxosa salsa els dóna molt de caràcter. Feu que el carnisser talli els filets de no més d'1 1⁄4 de polzada de gruix per facilitar la cocció, i lligueu cada filet amb fil de cuina perquè mantinguin la seva forma. Assegureu-vos de mesurar i alinear tots els ingredients abans de començar a cuinar, ja que va molt ràpid.*

4 filets de llom de cap de bestiar, d'aproximadament 1 polzada de gruix

Oli d'oliva verge extra

Sal i pebre negre acabat de moldre

3 cullerades de mantega sense sal

1 escalunya petita, finament picada

1/4 tassa de vi blanc sec

1 cullerada de mostassa de Dijon

Aproximadament 4 unces de formatge gorgonzola, sense closca i tallat a trossos

1. Fregueu els filets amb oli d'oliva i empolvoreu amb sal i pebre. Cobreixi i refrigeri. Traieu els filets de la nevera aproximadament 1 hora abans de cuinar-los.

2. Preescalfeu el forn a 200 ° F. Fondre 2 cullerades de mantega en una paella gran a foc mitjà. Quan l'escuma de mantega disminueixi, assequeu els filets. Col·loqueu-los a la paella i cuini fins que estiguin ben daurats, de 4 a 5 minuts. Doneu la volta a la carn amb pinces i cuini per l'altra banda, 4 minuts si està poc feta o de 5 a 6 minuts si està mig cru. Per comprovar si està cuit, feu un petit tall a la part més gruixuda. Transferiu els filets a una placa resistent a la calor i manteniu-los calents al forn.

3. Afegiu la escalunya a la paella i cuini, remenant, durant 1 minut. Afegeix el vi i la mostassa. Abaixa el foc i afegeix el gorgonzola. Afegiu els sucs que s'hagin acumulat al voltant dels bistecs. Traieu del foc i afegiu la 1 cullerada de mantega restant.

4. Aboqui la salsa sobre els filets i serveixi.

## Rotlles de carn farcits amb salsa de tomàquet

## Braciole al Pomodoro

**Rendeix 4 porcions**

Les llesques primes de carn de cap de bestiar són perfectes per al braciole, que es pronuncia comunament com a bra-zholl, un favorit saborós cuinat a foc lent. Busqueu llesques grans de carn sense gaire teixit connectiu perquè mantinguin bé la seva forma.

Braciole es pot cuinar com a part de Ragú napolità. Alguns cuiners omplen el braciole amb un ou dur, mentre que altres afegeixen panses i pinyons al farciment bàsic.

4 rodanxes fines de carn de cap de bestiar sense os, al voltant d'1 lliura

3 dents d'all finament picades

2 cullerades de formatge Pecorino Romà ratllat

2 cullerades de julivert fresc picat

Sal i pebre negre acabat de moldre

2 cullerades d'oli d'oliva

1 tassa de vi negre sec

2 tasses de tomàquets italians importats enllaunats amb el suc, passats per un molí d'aliments

4 fulles fresques d'alfàbrega, tallades a trossos petits

1. Col·loqueu la carn entre 2 peces d'embolcall de plàstic i colpegeu-la suaument amb el costat pla d'un matxador de carn o un mall de goma fins que tingui un gruix uniforme de 1/8 de polzada. Rebutgeu la peça superior de plàstic.

2. Reserva 1 gra d'all picat per a la salsa. Empolvoreu la carn amb l'all restant, el formatge, el julivert i sal i pebre al gust. Enrotlleu cada tros com una salsitxa i lligueu-lo com un petit rostit amb fil de cuina de cotó.

3. Escalfeu l'oli en una olla gran. Afegeix el braciole. Cuini, donant volta la carn de tant en tant, fins que es dauri per tot arreu, uns 10 minuts. Escampar l'all restant al voltant de la carn i cuinar 1 minut. Afegiu el vi i cuini a foc lent durant 2 minuts. Afegeix-hi els tomàquets i l'alfàbrega.

4. Tapeu i cuini a foc lent, voltejant la carn de tant en tant, fins que estigui tendra en punxar-la amb una forquilla, unes 2 hores. Afegiu una mica daigua si la salsa es torna massa espessa. Serviu-ho calent.

# Carn de cap i cervesa

## Carbonata di Bue

**Rendeix 6 porcions**

*Carn de cap de bestiar, cervesa i ceba és una combinació guanyadora en aquest guisat de l'Alt Adige. És similar al carbonnade francès de carn de boví, de l'altre costat de la frontera.*

*El plat de vedella desossat és una bona opció per cuinar. Té prou marbrejat per romandre humit durant la cocció perllongada.*

4 cullerades de mantega sense sal

2 cullerades d'oli d'oliva

3 cebes mitjanes (aproximadament 1 lliura), a rodanxes fines

3 lliures d'estofat de res desossat, tallat a trossos de 1 1/2 polzades

1/2 tassa de farina per a tot ús

12 unces de cervesa, de qualsevol tipus

2 tasses de tomàquets frescos pelats, sense llavors i picats o puré de tomàquet enllaunat

Sal i pebre negre acabat de moldre

1. Fondre 2 cullerades de mantega amb 1 cullerada d'oli en una paella gran a foc mitjà-baix. Afegiu les cebes i cuini, remenant amb freqüència, fins que les cebes estiguin lleugerament daurades, aproximadament 20 minuts.

2. En una olla gran o una altra olla profunda i pesada amb tapa hermètica, fongui la mantega restant amb l'oli a foc mitjà. Escorre la meitat de la carn a la farina i sacseja l'excés. Daureu bé les peces per tot arreu, uns 10 minuts. Transferiu la carn a un plat. Repetiu amb la carn restant.

3. Retireu el greix de la cassola. Afegiu la cervesa i cuini a foc lent, raspant el fons de la cassola per barrejar els trossos daurats amb la cervesa. Cuini 1 minut.

4. Col·loqueu una reixeta al centre del forn. Preescalfeu el forn a 375 ° F. Torneu tota la carn a la cassola. Afegeix-hi les cebes, els tomàquets, la sal i el pebre al gust. Porta el líquid a foc lent.

5. Tapar la cassola i enfornar al forn, remenant de tant en tant, durant 2 hores o fins que la carn estigui tendra en punxar-la amb un ganivet. Serviu-ho calent.

# Estofat de Carn i Ceba

## Carbonade

**Rendeix 6 porcions**

A Trentino-Alto Adige, aquest guisat amb un nom similar a l'anterior s'elabora amb vi negre i espècies. De vegades, la carn de cap se substitueix per carn de cérvol o altre tipus de caça. La polenta suau i mantegosa és l'acompanyament clàssic d'aquest abundant guisat, però també m'agrada amb<u>Puré de floricol</u>.

3 cullerades de mantega sense sal

3 cullerades d'oli d'oliva

2 cebes mitjanes, tallades a quarts ia rodanxes fines

¹1/2 tassa de farina per a tot ús

3 lliures de carn desossada, tallada a trossos de 2 polzades

1 tassa de vi negre sec

1/8 de culleradeta de canyella mòlta

1/8 de culleradeta de clau mòlt

⅛ de culleradeta de nou moscada mòlta

1 tassa de brou de res

Sal i pebre negre acabat de moldre

1. En una paella gran, fon 1 cullerada de mantega amb 1 cullerada d'oli a foc mitjà-baix. Afegiu les cebes i cuini, remenant ocasionalment, fins que estiguin molt tendres, aproximadament 15 minuts.

2. En una olla gran o una altra olla profunda i pesada amb tapa hermètica, fongui la mantega restant amb l'oli a foc mitjà. Esteneu la farina sobre un full de paper encerat. Enrotlli la carn a la farina, sacsejant l'excés. Afegiu només les peces suficients a la paella perquè càpiguen còmodament sense amuntegar-se. A mesura que la carn es dauri, transfereixi-la a un plat, després fregeix la resta de la carn de la mateixa manera.

3. Quan tota la carn estigui daurada i retirada, afegiu el vi a la paella i cuini a foc lent, raspant el fons de la paella per barrejar els trossos daurats amb el vi. Cuini a foc lent 1 minut.

4. Torneu la carn a la paella. Afegiu les cebes, les espècies i el brou. Condimentar amb sal i pebre. Deixeu bullir a foc lent i cobriu la paella. Cuini, remenant ocasionalment, durant 3 hores, o fins que

la carn estigui molt tendra en punxar-la amb una forquilla. Afegiu una mica d'aigua si el líquid es torna massa espès. Serviu-ho calent.

## Estofat de vedella al pebre

### Pepós

**Rendeix 6 porcions**

*Els toscans fan aquest guisat picant amb vedella o cuixes de cap de bestiar, però jo prefereixo fer servir guix de vedella desossat. Segons Giovanni Righi Parenti, autor de La Gran Cucina Toscana, quan el pebre era prohibitivament cara fa molt de temps, els cuiners guardaven els grans de pebre de les rodanxes de salame fins que n'hi hagués prou per fer pepó.*

*El meu amic Marco Bartolini Baldelli, amo del celler Fattoria di Bagnolo, em va dir que aquest guisat era un dels favorits dels maons toscans de la ciutat d'Impruneta, que el cuinaven als seus forns. Una ampolla de Fattoria di Bagnolo Chianti Colli Fiorentini Riserva seria un acompanyament ideal.*

2 cullerades d'oli d'oliva

3 lliures de carn de res, tallada a trossos de 2 polzades

Sal i pebre negre acabat de moldre

2 dents d'all finament picades

2 tasses de vi negre sec

1 1/2 tasses de tomàquets pelats, sense llavors i picats

1 culleradeta de pebre negre acabat de moldre o al gust

1. En un forn holandès gran o una altra olla profunda i pesada amb tapa hermètica calenta l'oli a foc mitjà. Assequi la carn amb copets i es dauri per tot arreu, en lots, sense amuntegar la paella, aproximadament 10 minuts per lot. Escampar-hi sal i pebre. Transferiu la carn a un plat.

2. Afegeix l'all al greix de la paella. Afegeix-hi el vi negre, sal i pebre al gust i els tomàquets. Deixeu bullir a foc lent i torneu la carn a la paella. Afegiu suficient aigua freda per cobrir la carn. Tapeu l'olla. Baixeu el foc a baix i cuini, remenant ocasionalment, durant 2 hores.

3. Afegeix el vi i cuina 1 hora més, o fins que la carn estigui molt tendra en punxar-la amb una forquilla. Proveu i ajusteu la saó. Serviu-ho calent.

# Estofat de vedella al friüli

## Manço a Squazet

**Rendeix 6 porcions**

*El pollastre, la vedella i l'ànec són només alguns dels diferents tipus de carn que es cuinen en escàs, que significa "guisat" en el dialecte de Friuli-Venezia Giulia.*

1/2 tassa de fongs porcí i secs

1 tassa d'aigua tèbia

1/4 tassa d'oli d'oliva

3 lliures de carn de res, tallada a trossos de 2 polzades

2 cebes grans, finament picades

2 cullerades de pasta de tomàquet

1 tassa de vi negre sec

2 fulles de llorer

Písca de clau mòlt

Sal i pebre negre acabat de moldre

2 tasses casolanes Brou de carn o brou de cap de bestiar comprat a la botiga

1. Remullar els xampinyons a l'aigua durant 30 minuts. Retireu els xampinyons i reserveu el líquid. Esbandida els fongs amb aigua corrent freda per treure'ls la sorra, prestant especial atenció als extrems de les tiges on s'acumula la terra. Picar els xampinyons a trossos grans. Coleu el líquid dels fongs a través d'un filtre de cafè de paper en un bol.

2. En una paella gran, escalfa l'oli a foc mitjà. Asseca la carn amb copets. Afegeix la carn i daura bé per tot arreu, uns 10 minuts, transferint els trossos a un plat a mesura que es dauren.

3. Afegiu les cebes a l'olla i cuini fins que s'estovin, aproximadament 5 minuts. Afegeix-hi la pasta de tomàquet. Afegeix-hi el vi i deixa que el líquid bulli a foc lent.

4. Torneu la carn a la paella. Afegeix els xampinyons i el seu líquid, les fulles de llorer, el clau i sal i pebre al gust. Afegeix-hi el brou. Tapeu i cuini a foc lent, remenant ocasionalment, fins que la carn estigui tendra i el líquid es redueixi, 2 1/2 a 3 hores. Si hi ha massa líquid, destapeu l'olla durant els últims 30 minuts. Traieu les fulles de llorer. Serviu-ho calent.

## Estofat de carn mixta, estil caçador

### Scottiglia

**Rendeix de 8 a 10 porcions**

*A Toscana, quan la carn escassejava, diversos caçadors s'ajuntaven i aportaven petits trossos de la carn que tinguessin per crear aquest complex guisat. Es pot afegir o substituir qualsevol cosa, des de carn de cap de bestiar, pollastre, xai o porc fins a faisà, conill o gallina de Guinea. Com més gran sigui la varietat de carns, més ric sabrà el guisat.*

1/4 tassa d'oli d'oliva

1 pollastre, tallat a 8 porcions

1 lliura d'estofat de vedella desossada, tallat a trossos de 2 polzades

1 lliura de paleta de xai, tallada a trossos de 2 polzades

1 lliura de paleta de porc, tallada a trossos de 2 polzades

1 ceba morada gran, finament picada

2 costelles d'api tendres, picades

2 pastanagues grans, finament picades

2 dents d'all finament picades

1 tassa de vi negre sec

Sal

½ culleradeta de pebrot vermell triturat

2 tasses de tomàquets picats, frescos o enllaunats

1 cullerada de romaní fresc picat

2 tasses casolanes Brou de pollastre, Brou de carn, o brou de carn o pollastre comprat a la botiga

**Adornar**

8 llesques de pa italià o francès

2 grans d'all, pelats

1. En un forn holandès prou gran per contenir tots els ingredients, o una altra olla profunda i pesada amb una tapa hermètica, calenta l'oli a foc mitjà. Assequi la carn amb copets. Afegiu només tantes peces com càpiguen còmodament en una sola capa. Daureu bé les peces per tot arreu, aproximadament 10 minuts per lot, després transferiu-les a un plat. Continueu fins que tota la carn estigui daurada.

2. Afegeix-hi la ceba, l'api, les pastanagues i l'all a la paella. Cuini, remenant amb freqüència, fins que estiguin tendres, uns 10 minuts.

3. Torneu la carn a la paella i afegiu el vi, sal al gust i pebrot vermell triturat. Porta el líquid a foc lent. Afegeix-hi els tomàquets, el romaní i el brou. Abaixa el foc perquè el líquid amb prou feines bombollegi. Cuini, remenant ocasionalment, fins que totes les carns estiguin tendres, aproximadament 90 minuts. (Afegiu una mica d'aigua si la salsa s'asseca massa).

4. Torrar les llesques de pa i fregar-les amb l'all pelat. Col·loqueu la carn i la salsa en una font gran. Col·loqueu les llesques de pa per tot arreu. Serviu-ho calent.

## Estofat de res

## Gulasch di Manzo

**Rendeix 8 porcions**

*La parteix nord de Trentino-Alt Adige va ser una vegada parteix d'Àustria; Itàlia ho va annexar després de la Primera Guerra Mundial. Com a resultat, el menjar és austríac, però amb accent italià.*

*Les espècies seques com el pebre vermell són bones només uns sis mesos després que s'obre el recipient. Després d'això, el sabor s'esvaeix. Val la pena comprar un flascó nou a l'hora de preparar aquest guisat. Assegureu-vos dutilitzar pebre vermell importat dHongria. Pots fer servir tot pebre vermell dolç o una combinació de dolç i picant al teu gust.*

3 cullerades de mantega de porc, greix de cansalada o oli vegetal

2 lliures de mitjana de res desossat, tallat a trossos de 2 polzades

Sal i pebre negre acabat de moldre

3 cebes grans, a rodanxes fines

2 dents d'all picades

2 tasses de vi negre sec

¼ de tassa de pebre vermell dolç hongarès o una combinació de pebre vermell dolç i picant

1 full de llorer

Tires de ratlladura de llimona de 2 polzades

1 cullerada de pasta de tomàquet doblement concentrada

1 culleradeta de comí mòlt

1/2 culleradeta de marduix sec

Suc de llimona fresca

1. En un forn holandès gran o una altra olla profunda i pesada amb tapa hermètica, calenta la mantega o el greix a foc mitjà. Assequeu la carn amb copets i afegiu a la paella només les peces que càpiguen còmodament en una sola capa. Daureu bé les peces per tot arreu, uns 10 minuts per lot. Transferiu la carn a un plat i empolvoreu amb sal i pebre.

2. Afegiu les cebes a la paella i cuini, remenant amb freqüència, fins que estiguin tendres i daurades, aproximadament 15 minuts. Afegeix l'all. Afegeix el vi i raspa el fons de la paella. Torneu la carn a la paella. Porta el líquid a foc lent.

**3.** Afegiu el pebre vermell, la fulla de llorer, la ratlladura de llimona, la pasta de tomàquet, el comí i la marduix. Afegiu suficient aigua per cobrir amb prou feines la carn.

**4.** Tapeu l'olla i cuini de 21/2 a 3 hores, o fins que la carn estigui tendra amb una forquilla. Afegiu el suc de llimona. Traieu la fulla de llorer i la ratlladura de llimona. Proveu i ajusteu la saó. Serviu-ho calent.

# Estofat de cua de toro a la romana

## Coda alla Vaccinara

**Rendeix de 4 a 6 porcions**

*Encara que les cues de bou no tenen gaire carn, el que hi ha és molt saborós i tendre quan es cou a foc lent a la manera romana. La salsa sobrant és bona a rigatoni o una altra pasta de tall gruixut.*

1/4 tassa d'oli d'oliva

3 lliures de cua de toro, tallat a trossos de 1 1/2 polzades

1 ceba gran picada

2 dents d'all finament picades

1 tassa de vi negre sec

2 1/2 tasses de tomàquets frescos pelats, sense llavors i picats, o tomàquets enllaunats escorreguts i picats

1/4 de culleradeta de clau mòlt

Sal i pebre negre acabat de moldre

2 tasses d'aigua

6 tendres costelles d'api, picades

1 cullerada de xocolata agredolça picada

3 cullerades de pinyons

3 cullerades de panses

1. En una olla gran o una altra olla profunda i pesada amb tapa hermètica calenta l'oli d'oliva. Assequeu la cua de toro i afegiu a la paella només les peces que càpiguen còmodament en una sola capa. Daureu bé les peces per tot arreu, uns 10 minuts per lot. Transferiu les peces a un plat.

2. Afegiu la ceba i cuini, remenant ocasionalment, fins que estigui daurada. Afegiu l'all i cuini 1 minut més. Afegiu el vi, raspant el fons de la paella.

3. Torneu la cua de toro a la paella. Afegeix-hi els tomàquets, els claus, la sal i el pebre al gust i l'aigua. Cobreix la paella i deixa que el líquid bulli a foc lent. Reduïu el foc i cuini, remenant ocasionalment, fins que la carn estigui tendra i es desprengui dels ossos, aproximadament 3 hores.

**4.**Mentrestant, bulli una cassola gran amb aigua. Afegeix-hi l'api i cuina-ho 1 minut. Escórrer bé.

**5.**Revuelva la xocolata a la paella amb les cues de toro. Afegeix-hi l'api, els pinyons i les panses. Portar a foc lent. Serviu-ho calent.

# Cama de vedella estofada

## Garretto al Vi

**Rendeix 6 porcions**

*En aquest plat de ric sabor, cuinat a foc lent, es couen gruixudes llesques de cama de vedella amb verdures i vi negre. Les verdures cuites que l'acompanyen es trituren amb els sucs de la cocció per fer una salsa deliciosa per a la carn. Serviu-ho amb una guarnició de papes o polenta, o aboqueu una mica de salsa sobre<u>Nòquis de papa</u>.*

2 cullerades de mantega sense sal

1 cullerada d'oli d'oliva

3 (1 1/2 polzades de gruix) llesques de cama de res (al voltant de 3 lliures), ben retallades

Sal i pebre negre acabat de moldre

4 pastanagues picades

3 costelles d´api picades

1 ceba gran picada

2 tasses de vi negre sec

1 full de llorer

1. En un forn holandès gran o una altra olla profunda i pesada amb tapa hermètica, fongui la mantega amb l'oli. Assequi la carn amb copets i es dauri bé per tot arreu, aproximadament 10 minuts. Escampar-hi sal i pebre. Transferiu la carn a un plat.

2. Afegiu les verdures i cuini, remenant amb freqüència, fins que estiguin ben daurades, aproximadament 10 minuts.

3. Afegeix el vi i cuina, raspant el fons de la paella amb una cullera de fusta. Cuini a foc lent el vi durant 1 minut. Torneu la carn a l'olla i afegiu el full de llorer.

4. Tapeu la paella i reduïu el foc a baix. Si el líquid s'evapora massa, afegiu-hi una mica d'aigua tèbia. Cuini de 21/2 a 3 hores, voltejant la carn ocasionalment, fins que estigui tendra en punxar-la amb un ganivet.

5. Traieu la carn a una safata i tapeu-la per mantenir-la calenta. Rebutja el full de llorer. Passeu les verdures per un molí d'aliments o feu puré en una liquadora. Proveu i ajusteu la saó.

Torneu a escalfar si cal. Aboqui la salsa de verdures sobre la carn. Serviu-ho immediatament.

# Albergínia Farcida de Carn

## Melanzane Ripiene

**Rendeix de 4 a 6 porcions**

*Les albergínies petites d'unes tres polzades de llargada són ideals per omplir. Aquests estan ben calents oa temperatura ambient.*

2 1/2 tasses qualsevol <u>Salsa de tomàquet</u>

8 albergínies baby

Sal

12 unces de costella de carn mòlta

2 unces de salami picat o prosciutto italià importat

1 ou gran

1 gra d'all finament picat

1/3 tassa de pa ratllat sec

1/4 tassa de Pecorí Romà o Parmigiano-Reggiano ratllat

2 cullerades de julivert fresc picat

Sal i pebre negre acabat de moldre

1. Prepara la salsa de tomàquet, si cal. Després, poseu una reixeta al centre del forn. Preescalfeu el forn a 375 ° F. Greixeu una font per coure de 12 × 9 × 2 polzades.

2. Porteu una olla gran amb aigua a bullir. Retalla la part superior de les albergínies i talla-les per la meitat al llarg. Afegeix les albergínies a laigua amb sal al gust. Cuini a foc lent fins que les albergínies s'estovin, de 4 a 5 minuts. Col·loca les albergínies en un colador perquè s'escorrin i es refredin.

3. Amb una cullera petita, traieu la polpa de cada albergínia, deixant una closca de 1/4 de polzada de gruix. Pica la polpa i col·loca-la en un bol gran. Col·loca les closques a la font per enfornar amb la pell cap avall.

4. A la polpa d'albergínia, afegiu la carn de cap de bestiar, el salami, l'ou, l'all, el pa ratllat, el formatge, el julivert i sal i pebre al gust. Aboqui la barreja a les closques d'albergínia, allisant la part superior. Aboqui la salsa de tomàquet sobre les albergínies.

5. Fornegeu fins que el farcit estigui ben cuit, aproximadament 20 minuts. Serviu-ho calent oa temperatura ambient.

# Mandonguilles Napolitanes

## Polpette

**Rendeix 6 porcions**

*La meva mare feia un lot d'aquestes mandonguilles una vegada a la setmana per afegir una olla gran de ragú. Sempre que ella no mirava, algú treia un de l'olla per menjar-lo com a entrepà. Per descomptat que ho sabia, de manera que sovint preparava un lot doble.*

3 tasses<u>Ragú napolità</u>o<u>Salsa marinara</u>

1 lliura de costella de carn mòlta

2 ous grans, batuts

1 gra d'all gran, finament picat

1/2 tassa de Pecorino Romà acabat de ratllar

1/2 tassa de pa ratllat

2 cullerades de julivert fresc de fulla plana finament picat

1 culleradeta de sal

Pebre negre acabat de moldre

¹1/4 tassa d'oli d'oliva

1. Prepareu el ragú o salsa, si és necessari. Després, en un bol gran, combineu la carn, els ous, l'all, el formatge, el pa ratllat, el julivert i la sal i pebre al gust. Amb les mans, barregeu bé tots els ingredients.

2. Esbandeix-te les mans amb aigua freda per evitar que s'enganxi, després dóna forma lleugerament a la barreja en boles de 2 polzades. (Si esteu fent mandonguilles per utilitzar en lasanya o ziti enfornat, doneu forma a la carn en petites boles de la mida d'un raïm petit).

3. Escalfeu l'oli en una paella gran a foc mitjà. Afegiu les mandonguilles i fregiu-les fins que estiguin ben daurades per tot arreu, uns 15 minuts. (Doneu-los la volta amb compte amb unes pinces). Transferiu les mandonguilles a un plat.

4. Transferiu les mandonguilles a la paella de ragú o salsa de tomàquet. Cuini a foc lent fins que estigui ben cuit, uns 30 minuts. Serviu-ho calent.

# Mandonguilles amb Pinyons i Passa

## Polpette amb Pinoli i Uve Secche

**Rendeix 20 mandonguilles de 2 polzades**

*El secret per a una bona mandonguilla o un pastís de carn sucosa és afegir pa o pa ratllat a la barreja. El pa absorbeix els sucs de la carn i els reté mentre la carn es cuina. Per a un exterior extra cruixent, aquestes mandonguilles també s'enrotllen en pa ratllat abans de cuinar-les. Aquesta recepta me la va donar el meu amic Kevin Benvenuti, propietari d'una botiga gurmet a Westin, Florida. La recepta era de la seva àvia Carolina.*

*A alguns cuiners els agrada saltar-se el pas de fregir i afegir les mandonguilles directament a la salsa. Les mandonguilles queden més suaus. Prefereixo la textura més ferma i el millor sabor que s'obté en fregir.*

   3 tassesRagú napolitào un altresalsa de tomàquet

1 tassa de pa ratllat sec

4 llesques de pa italià, sense escorça i tallat a trossos petits (aproximadament 2 tasses)

¹1/2 tassa de llet

2 lliures de carn mòlta mixta, vedella i porc

4 ous grans, lleugerament batuts

2 dents d'all finament picades

2 cullerades de julivert fresc de fulla plana finament picat

1/2 tassa de panses

1/2 tassa de pinyons

1/2 tassa de Pecorí Romà o Parmigià-Reggià ratllat

1 1/2 culleradetes de sal

1/4 de culleradeta de nou moscada acabada de moldre

Pebre negre acabat de moldre

1/4 tassa d'oli d'oliva

1. Prepareu el ragú o salsa, si és necessari. Col·loqueu el pa ratllat en un bol poc profund. Després, remull el pa a la llet durant 10 minuts. Escorre el pa i esprem l'excés de líquid.

2. En un bol gran, combineu les carns, el pa, els ous, l'all, el julivert, les panses, els pinyons, el formatge, la sal, la nou moscada i el pebre al gust. Amb les mans, barregeu bé tots els ingredients.

**3.** Esbandeix-te les mans amb aigua freda per evitar que s'enganxi, després dóna forma lleugerament a la barreja en boles de 2 polzades. Enrotlli lleugerament les mandonguilles al pa ratllat.

**4.** Escalfeu l'oli en una paella gran a foc mitjà. Afegeix les mandonguilles i fregeix fins que estiguin ben daurades per tot arreu, uns 15 minuts. (Donar-los la volta amb compte amb unes tenalles).

**5.** Col·loca les mandonguilles al ragú o salsa. Cuini a foc lent fins que estigui ben cuit, uns 30 minuts. Serviu-ho calent.

# Mandonguilles amb col i tomàquet

## Polpettine Stufato amb Cavolo

**Rendeix 4 porcions**

Les mandonguilles són un d'aquells plats que satisfan l'ànima que es preparen a gairebé tot arreu, certament a totes les regions d'Itàlia. No obstant, els italians no serveixen mai mandonguilles amb espagueti. Senten que la pesadesa de la carn aclapararia els delicats fils de pasta. A més, la pasta és un primer plat, i qualsevol carn més gran que la mida d'un mos se serveix com a segon plat. En aquesta recepta de Friuli-Venezia Giulia, les mandonguilles se serveixen amb col de cabdell cuit a foc lent. És un plat abundant per servir en una nit freda.

2 dents d'all finament picades

2 cullerades d'oli d'oliva

1 col petit, ratllat

1 1/2 tasses de tomàquets sencers enllaunats, escorreguts, picats

Sal

**mandonguilles**

1 tassa de pa italià o francès sense escorça, esquinçat

1 1/2 tassa de llet

1 lliura de costella de carn mòlta

1 ou gran, batut

1/2 tassa de Parmigiano-Reggiano acabat de ratllar

1 gra d'all gran, picat

2 cullerades de julivert fresc picat

Sal i pebre negre acabat de moldre

1 1/4 tassa d'oli d'oliva

1. En una olla gran, cuini l'all a l'oli d'oliva a foc mitjà fins que estigui lleugerament daurat, aproximadament 2 minuts. Afegeix la col i remena bé. Afegeix-hi els tomàquets i la sal al gust. Tapeu i cuini a foc lent, remenant ocasionalment, durant 45 minuts.

2. En un bol mitjà, combineu el pa i la llet. Deixeu reposar 10 minuts, després espremeu l'excés de llet.

3. En un bol gran, combineu la carn, el pa, l'ou, el formatge, l'all, el julivert i la sal i pebre al gust. Amb les mans, barregeu bé tots els ingredients.

4. Esbandeix-te les mans amb aigua freda per evitar que s'enganxi, després dóna forma lleugerament a la barreja de carn en boles de 2 polzades. Escalfeu l'oli en una paella gran a foc mitjà. Fregir les mandonguilles fins que estiguin ben daurades per tot arreu. (Doneu-los la volta amb compte amb unes pinces). Transferiu les mandonguilles a un plat.

5. Si hi ha molt líquid a l'olla amb la col, deixeu la tapa oberta i cuini fins que es redueixi. Afegeix les mandonguilles i cobreix-les amb la col. Cuini 10 minuts més. Serviu-ho calent.

# Mandonguilles, Estil Bolonya

## Polpette alla Bolognese

**Rendeix 6 porcions**

*Aquesta recepta és la meva adaptació d'un plat de la Trattoria Gigina de Bolonya. Encara que és tan casolana com qualsevol recepta de mandonguilles, la mortadel·la a la barreja de carn i la crema a la salsa de tomàquet la fan semblar una mica més sofisticada.*

## Salsa

1 ceba petita finament picada

1 pastanaga mitjana, finament picada

1 costella d'api tendra petita, finament picada

2 cullerades d'oli d'oliva

1 1/2 tasses de puré de tomàquet

1 1/2 tassa de crema espessa

Sal i pebre negre acabat de moldre

## mandonguilles

1 lliura de carn mòlta magra

8 unces de mortadel·la

1/2 tassa de Parmigiano-Reggiano acabat de ratllar

2 ous grans, batuts

1/2 tassa de pa ratllat sec

1 cullerada de sal marina o kosher

1/4 de cullerada de nou moscada mòlta

Pebre negre acabat de moldre

1. Prepareu la salsa: En una cassola gran o paella profunda i pesada, cuini la ceba, la pastanaga i l'api en l'oli d'oliva a foc mitjà fins que estiguin daurats i tendres, aproximadament 10 minuts. Afegeix el tomàquet, la nata, sal i pebre al gust. Portar a foc lent.

2. Prepareu les mandonguilles: Col·loqueu els ingredients de les mandonguilles en un bol gran. Amb les mans, barregeu bé tots els ingredients. Esbandeix-te les mans amb aigua freda per

evitar que s'enganxi, després dóna forma lleugerament a la barreja en boles de 2 polzades.

3. Transferiu les mandonguilles a la salsa bullint. Tapeu i cuini, voltejant les mandonguilles de tant en tant, fins que estiguin ben cuites, uns 20 minuts. Serviu-ho calent.

# Mandonguilles a Marsala

## Polpette al Marsala

**Rendeix 4 porcions**

*El meu amic Arthur Schwartz, una autoritat a la cuina de Nàpols, em va descriure aquesta recepta, que diu que és molt popular a Nàpols.*

1 tassa de pa italià sense escorça, tallat a trossos

1/4 tassa de llet

Aproximadament 1/2 tassa de farina per a tot ús

1 lliura de carn mòlta rodona

2 ous grans, batuts

1/2 tassa de Parmigiano-Reggiano acabat de ratllar

1/4 tassa de pernil picat

2 cullerades de julivert fresc picat

Sal i pebre acabat de moldre

3 cullerades de mantega sense sal

1/2 tassa de Marsala sec

1/2 tassa casolana <u>Brou de carn</u> o brou de cap de bestiar comprat a la botiga

1. En un bol petit, remulleu el pa a la llet durant 10 minuts. Esprem el líquid. Col·loqueu la farina en un bol poc profund.

2. En un bol gran, poseu el pa, la carn, els ous, el formatge, el pernil, el julivert, la sal i el pebre. Amb les mans, barregeu bé tots els ingredients. Esbandeix-te les mans amb aigua freda per evitar que s'enganxi, després dóna forma lleugerament a la barreja en vuit boles de 2 polzades. Enrotlleu les boles en farina.

3. En una paella prou gran per contenir totes les mandonguilles, fongui la mantega a foc mitjà-baix. Afegiu les mandonguilles i cuini, donant-los la volta amb compte amb unes pinces, fins que estiguin ben daurades, uns 15 minuts. Afegeix el Marsala i el brou. Cuini fins que el líquid es redueixi i les mandonguilles estiguin ben cuites, de 4 a 5 minuts. Serviu-ho calent.

# Pastís de carn, estil antic de Nàpols

## Polpettone di Santa Chiara

**Rendeix de 4 a 6 porcions**

*Aquesta recepta requereix enfornar al forn, encara que originalment el pa es daurava del tot en una paella i després es cuinava amb una mica de vi en una paella tapada. Els ous durs al centre creen un efecte de diana quan es talla la barra. Encara que aquesta recepta requereix tota la carn de cap de bestiar, una barreja de carns mòltes funciona bé.*

2/3 tassa de pa italià sense escorça d'un dia

1 1/3 tassa de llet

1 lliura de carn mòlta rodona

2 ous grans, batuts

Sal i pebre negre acabat de moldre

4 unces de pernil sense fumar, picat

1 1/2 tassa de formatge Pecorino Romà o provolone picat

4 cullerades de pa ratllat sec

2 ous durs

1. Col·loqueu una reixeta al centre del forn. Preescalfeu el forn a 350 °F. Greixeu un motlle per coure quadrat de 9 polzades.

2. Remulla el pa a la llet durant 10 minuts. Esprem el pa per eliminar l'excés de líquid.

3. En un bol gran, barregi la carn, el pa, els ous i la sal i pebre al gust. Afegeix-hi el pernil i el formatge.

4. En un full gran de paper encerat, escampa la meitat del pa ratllat en un tros de paper encerat. Esteneu la meitat de la barreja de carn sobre el paper en un rectangle de 8 × 4 polzades. Col·loqueu els dos ous durs al llarg en una fila al centre. Apili la barreja de carn restant a sobre, prement la carn per formar una fogassa ordenada d'aproximadament 8 polzades de llarg. Col·loqueu el pa al motlle preparat. Empolvora la part superior i els costats amb les molles restants.

5. Fornegeu el pa aproximadament 1 hora o fins que la temperatura interna arribi als 155 °F en un termòmetre de lectura instantània. Deixeu refredar 10 minuts abans de tallar. Serviu-ho calent.

# Rostit a l'olla amb vi negre

## Brasat al Barolo

**Rendeix de 6 a 8 porcions**

*Els cuiners piemontesos cuinen a foc lent grans talls de carn al vi Barolo de la regió, però un altre vi negre sec abundant també funcionaria bé.*

3 cullerades d'oli d'oliva

1 plat de vedella desossat o rostit rodó inferior (aproximadament 3 1/2 lliures)

2 unces de cansalada picada

1 ceba mitjana picada

2 dents d'all finament picades

1 tassa de vi negre sec, com Barolo

2 tasses de tomàquets pelats, sense llavors i picats

2 tasses casolanes<u>Brou de carn</u>o brou de cap de bestiar comprat a la botiga

2 pastanagues a rodanxes

1 llesca d'api

2 cullerades de julivert fresc picat

Sal i pebre negre acabat de moldre

1. En un forn holandès gran o una altra olla profunda i pesada amb tapa hermètica calenta l'oli a foc mitjà. Afegeix la carn i daura-la bé per tot arreu, uns 20 minuts. Assaoneu al gust amb sal i pebre. Transferiu a un plat.

2. Traieu tot el greix menys dues cullerades. Afegeix-hi la cansalada, la ceba i l'all a l'olla. Cuini, remenant amb freqüència, fins que estiguin tendres, uns 10 minuts. Afegiu el vi i deixeu-ho a foc lent.

3. Afegeix-hi els tomàquets, el brou, les pastanagues, l'api i el julivert. Cobreix la paella i deixa que el líquid bulli a foc lent. Cuini a foc lent, voltejant la carn de tant en tant, de 2 1/2 a 3 hores, o fins que estigui tendra en punxar-la amb una forquilla.

4. Transferiu la carn a un plat. Cobreixi i mantingui calent. Si el líquid a l'olla sembla massa prim, pugeu el foc i bulliu fins que es redueixi lleugerament. Proveu la salsa i ajustament per condimentar. Tallar la carn a rodanxes i servir-la calenta amb la salsa.

# Rostit a l'Olla amb Salsa de Ceba i Pasta

## La Genovese

**Rendeix 8 porcions**

Les cebes, les pastanagues, el prosciutto i el salami són els principals ingredients aromatitzants d'aquest tendre rostit. És una antiga recepta napolitana que, a diferència de la majoria de plats de la zona, no conté tomàquet. Els historiadors expliquen que fa segles, els mariners que viatjaven entre els ports de Gènova i Nàpols es van endur aquest plat a casa.

La Genovese era una especialitat de la meva àvia, que servia la salsa de ceba sobre mafalda, cintes llargues de pasta amb vora ondulada o amb fusilli llarg. La carn a rodanxes es va menjar després amb la salsa restant com a segon plat.

2 cullerades d'oli d'oliva

1 plat de vedella desossat o rostit rodó inferior (aproximadament 3 1/2 lliures)

Sal i pebre negre acabat de moldre

6 a 8 cebes mitjanes (al voltant de 3 lliures), a rodanxes fines

6 pastanagues mitjanes, a rodanxes fines

2 unces de salami de Gènova, tallat a tires fines

2 unces de prosciutto italià importat, tallat a tires fines

1 lliura de mafalde o fusilli

Parmigià-Reggià o Pecorí Romà acabat de ratllar

1. Col·loqueu una reixeta al centre del forn. Preescalfeu el forn a 325 ° F. En un forn holandès gran o una altra olla profunda i pesada amb tapa hermètica, calenta l'oli a foc mitjà. Afegeix la carn i daura-la bé per tot arreu, uns 20 minuts. Escampar-hi sal i pebre. Quan la carn estigui completament daurada, transferiu-la a un plat i escorreu el greix de l'olla.

2. Aboqui 1 tassa d'aigua a l'olla i raspi el fons amb una cullera de fusta per afluixar els trossos daurats. Afegiu les cebes, les pastanagues, el salami i el prosciutto a l'olla. Torneu el rostit a l'olla. Cobriu i porteu el líquid a foc lent.

3. Transferiu l'olla al forn. Cuini, voltejant la carn de tant en tant, de 2 1/2 a 3 hores. o fins que estigui molt tendre en punxar-lo amb una forquilla.

4. Aproximadament 20 minuts abans que la carn estigui a punt, bulli una olla gran amb aigua. Afegeix 2 cullerades de sal, després la pasta, empenyent suaument cap avall fins que estigui completament coberta d'aigua. Cuini fins que estigui al dente, només tendre però ferm al mos.

5. Quan estigui llest, transferiu la carn a un plat. Cobreixi i mantingui calent. Deixeu que la salsa es refredi una mica. Feu puré el contingut de l'olla passant-ho per un molí d'aliments o barrejant-lo en un processador d'aliments o liquadora. Proveu i ajusteu la saó. Torneu la salsa a l'olla amb la carn. Reescalfar suaument.

6. Serveix una mica de salsa sobre la pasta. Empolvora amb el formatge. Torneu a escalfar la salsa i la carn si és necessari. Talla la carn a rodanxes i serveix-la com a segon plat amb la resta de la salsa.

## *Rotlle de vedella farcit sicilià*

### *Farsumagru*

**Rendeix 6 porcions**

*Farsumagru, en dialecte sicilià, o falso magre, en italià estàndard, significa "falsament prim". El nom és probablement una referència al ric farcit que es troba dins de la prima llesca de carn. Hi ha moltes variacions en aquest plat. Alguns cuiners usen una llesca de vedella en lloc de carn de cap per al rotllo exterior i vedella mòlta o carn de cap al farciment en lloc de salsitxa de porc. De vegades es fa servir pernil, salami o cansalada en lloc del prosciutto. Altres cuiners afegeixen verdures com papes o pèsols a la salsa bullint.*

*El més difícil d'aquesta recepta és obtenir una sola llesca de carn d'aproximadament 8×6×1/2 polzades que es pugui picar fins a obtenir un gruix de 1/4 de polzada. Demaneu al vostre carnisser que el talli per vostè.*

12 unces de salsitxa de porc italiana, sense budells

1 ou batut

1/2 tassa de Pecorino Romà acabat de ratllar

¼ de tassa de pa ratllat fi i sec

2 cullerades de julivert fresc picat

1 gra d'all finament picat

Sal i pebre negre acabat de moldre

1 lliura de filet rodó de carn desossada de 1/2 polzada de gruix

2 unces de prosciutto italià importat, finament llescat

2 ous durs, pelats

3 cullerades d'oli d'oliva

1 ceba finament picada

1 1/2 tassa de vi blanc sec

1 llauna (28 unces) de tomàquets triturats

1 tassa d'aigua

1. En un bol gran, barregeu la carn de porc, l'ou, el formatge, el pa ratllat, el julivert, l'all i la sal i pebre al gust.

2. Col·loqueu un tros gran d'embolcall de plàstic sobre una superfície plana i col·loqueu la carn a sobre. Col·loqueu un segon full de plàstic sobre la carn i colpegeu-lo suaument per aplanar

la carn fins que tingui un gruix d'aproximadament 1/4 de polzada.

3. Rebutgeu el full superior de plàstic. Col·loqueu les rodanxes de pernil serrà sobre la carn. Esteneu la barreja de carn sobre el pernil, deixant una vora de 1/2 polzada al voltant. Col·loqueu els ous durs en una fila en un costat llarg de la carn. Doble la carn al llarg sobre els ous i el farcit i enrotlli com un rotllo de gelatina, usant la fulla inferior d'embolcall de plàstic per ajudar-lo a enrotllar. Amb fil de cuina de cotó, lligueu el rotllo a intervals d'1 polzada com un rostit.

4. Escalfeu l'oli a foc mitjà en un forn holandès gran o una altra olla profunda i pesada amb tapa hermètica. Afegiu el rotllo de carn i daureu bé d'una banda, aproximadament 10 minuts. Donar la volta a la carn amb unes pinces i escampar la ceba per tot arreu. Daureu la carn per l'altra banda, uns 10 minuts.

5. Afegiu el vi i deixeu-ho a foc lent. Afegiu els tomàquets triturats i laigua. Tapeu la paella i cuini, voltejant la carn de tant en tant, aproximadament 1 hora i mitja, o fins que la carn estigui tendra en punxar-la amb una forquilla.

6. Transferiu la carn a un plat. Deixeu que la carn es refredi 10 minuts. Traieu les cordes i talleu el rotlle a rodanxes de 1/2

polzada. Col·loca les rodanxes en una safata tèbia. Torneu a escalfar la salsa si cal. Aboqui la salsa sobre la carn i serveixi.

## Filet Rostit amb salsa d'olives

### Filetto alle Olive

**Rendeix de 8 a 10 porcions**

*Un tendre filet rostit és adequat per a un sopar elegant. Serveix-lo calent oa temperatura ambient amb una deliciosa salsa d'olives o substitut<u>Salsa de Tomàquet Assecada al Sol</u>. Mai cuini aquest tall de carn a més de mig cru, o estarà sec.*

<u>Salsa d'olives</u>

3 cullerades d'oli d'oliva

2 cullerades de vinagre balsàmic

1 culleradeta de sal

Pebre negre acabat de moldre

1 llom de res, tallat i lligat (al voltant de 4 lliures)

1 cullerada de romaní fresc picat

**1.** Prepara la salsa, si cal. Bateu l'oli, el vinagre, la sal i un generós mòlt de pebre. Col·loqueu la carn en una font gran per rostir i aboqui la marinada, voltejant la carn perquè es cobreixi per tot arreu. Cobreix la paella amb paper d'alumini i deixa marinar 1 hora a temperatura ambient o fins a 24 hores a la nevera.

2. Col·loqueu una reixeta al centre del forn. Preescalfeu el forn a 425 ° F. Rosti la carn durant 30 minuts o fins que la temperatura a la part més gruixuda arribi als 125 ° F per a mig cru en un termòmetre de lectura instantània. Transferiu el rostit del forn a una safata.

3. Deixeu reposar 15 minuts abans de tallar. Talla la carn a rodanxes de 1/2 polzada i serveix-la calenta oa temperatura ambient amb la salsa.

## Carns Bullides Mixtes

### Bullet Mist

**Rendeix de 8 a 10 porcions**

*Boixeta mista, que significa "bullit mixt", és una combinació de carns i verdures cuites a foc lent en un líquid a foc lent. Al nord d'Itàlia, la pasta s'afegeix al brou per fer un primer plat. La carn es talla a rodanxes i després se serveix amb una varietat de salses. Bufet misto és molt festiu i fa un sopar impressionant per a una multitud.*

*Cada regió té la seva pròpia manera de fer-ho. Els piemontesos insisteixen que s'ha de fer amb set tipus de carn i servir amb salsa de tomàquet i pebrot morró. La salsa verda és probablement la més tradicional, mentre que a Emilia-Romagna i Llombardia la mostarda, fruites conservades en almívar de mostassa dolça, és típica. Mostarda es pot comprar a molts mercats italians i botigues gurmet.*

*Tot i que la pasteta no és difícil de fer, requereix una cocció perllongada. Calcula unes quatre hores des del moment que encens la calefacció. Quan totes les carns estiguin cuites, es poden mantenir calentes a l'olla durant una hora més. Es necessita una olla a part per cuinar el cotechino o una altra salsitxa gran, perquè el greix que deixa anar fa greixós el brou.*

*A més de les salses, m'agrada servir les carns amb verdures al vapor, com pastanagues, carbassons i patates.*

1 tomàquet madur gran, tallat per la meitat i sense llavors

4 branquetes de julivert amb tiges

2 costelles d'api amb fulles, picades a trossos grans

2 pastanagues grans, picades a trossos grans

1 ceba gran, picada a trossos grans

1 gra d'all

1 carn rostida desossada, al voltant de 3 lliures

Sal

<u>Salsa verda</u>o<u>Salsa de pebrot vermell i tomàquet</u>

1 espatlla de vedella desossada, enrotllada i lligada, al voltant de 3 lliures

1 cotechino o una altra salsitxa d'all gran, aproximadament 1 lliura

1 pollastre sencer, al voltant de 3 1/2 lliures

**1.** En una olla de 5 galons o dues olles més petites de la mateixa capacitat, combineu les verdures i 3 quarts d'aigua. Portar a foc lent a foc mitjà.

**2.** Afegeix-hi la carn i 2 culleradetes de sal. Cuini durant 1 hora després que el líquid torni a bullir a foc lent. Mentrestant, prepareu la salsa, si cal.

**3.** Afegeix la vedella a l'olla; després que el líquid torni a bullir a foc lent, cuini 1 hora. Si cal, afegiu més aigua perquè les carns quedin cobertes.

**4.** En una olla separada, combineu el cotechino amb aigua per cobrir 1 polzada. Cobreixi i deixi bullir a foc lent. Cuini 1 hora.

**5.** Afegeix el pollastre a l'olla amb la vedella i la carn. Deixeu bullir a foc lent i cuini, voltejant el pollastre una o dues vegades, durant 1 hora, o fins que totes les carns estiguin tendres en punxar-les amb una forquilla.

**6.** Amb una cullera gran, traieu el greix de la superfície del brou. Proveu i ajusteu la sal. (Si serveix el brou com a primer plat, coleu una mica del brou en una olla, deixant les carns amb el brou restant a l'olla perquè es mantinguin calents. Porteu el brou a foc lent i cuini la pasta en ell. Serveixi calenta amb Parmigià Reggià.)

**7.**Tingueu a punt una font gran escalfada. Tallar les carns a rodanxes i posar-les en una plata. Ruixeu amb una mica de brou. Serveix la carn a rodanxes immediatament amb les salses que prefereixis.

## Xuletes de porc marinades a la graella

### Braciole di Maiale ai Ferri

**Rendeix 6 porcions**

*Aquesta és una gran recepta per a sopars ràpids d'estiu. Per comprovar si les costelles de porc estan cuites, feu un tall a prop de l'os. La carn encara ha d'estar lleugerament rosada.*

1 tassa de vi blanc sec

1/4 tassa d'oli d'oliva

1 ceba petita, finament llesca

1 gra d'all finament picat

1 cullerada de romaní fresc picat

1 cullerada de sàlvia fresca picada

6 costelles de llom de porc tallades al centre, d'aproximadament 3/4 de polzada de gruix

Rodanxes de llimona, per decorar

1. Combineu el vi, l'oli, la ceba, l'all i les herbes en una plata per enfornar prou gran com per mantenir les costelles en una sola capa. Afegiu les costelles, cobreixi i refrigeri per almenys 1 hora.

2. Col·loqueu una graella per a barbacoa o graella a unes 5 polzades de la font de calor. Preescalfeu la graella o la graella. Assequeu les costelles amb tovalloles de paper.

3. Rosteix la carn de 5 a 8 minuts o fins que estigui ben daurada. Doneu la volta a les costelles amb pinces i cuini per l'altra banda durant 6 minuts, o fins que estiguin daurades i lleugerament rosades quan es tallen prop de l'os. Serveixi calent, adornat amb rodanxes de llimona.

## Costelles, Estil Friuli

### Spuntature di Maiale alla Friulana

**Rendeix de 4 a 6 porcions**

*A Fruili, les costelles es couen a foc lent fins que la carn estigui tendra i es desprengui de l'os. Serveix-los amb puré de papes o un risotto simple.*

2 tasses casolanesBrou de carno brou de cap de bestiar comprat a la botiga

3 lliures de costelles de porc, tallades a costelles individuals

³1/4 tassa de farina per a tot ús

Sal i pebre negre acabat de moldre

3 cullerades d'oli d'oliva

1 ceba gran picada

2 pastanagues mitjanes, picades

¹1/2 tassa de vi blanc sec

1. Prepara el brou, si cal. Assequeu les costelles amb tovalloles de paper.

**2.** En un tros de paper encerat, combineu la farina, la sal i el pebre al gust. Enrotlli les costelles a la farina i després agita-les per eliminar l'excés.

**3.** En una cassola ampla i pesada, escalfa l'oli a foc mitjà. Afegiu tantes costelles com càpiguen còmodament en una sola capa i doreu-les bé per tot arreu, aproximadament 15 minuts. Transferiu les costelles a un plat. Repetiu fins que totes les costelles estiguin daurades. Escorri tot menys 2 cullerades de greix.

**4.** Afegeix la ceba i les pastanagues a la paella. Cuini, remenant ocasionalment, fins que estigui lleugerament daurat, aproximadament 10 minuts. Afegiu el vi i cuini 1 minut, raspant i barrejant els trossos daurats al fons de la paella amb una cullera de fusta. Torneu les costelles a la paella i afegiu el brou. Porta el líquid a foc lent. Reduïu el foc a baix, cobriu i cuini, remenant ocasionalment, aproximadament 1 hora i mitja, o fins que la carn estigui molt tendra i es desprengui dels ossos. (Afegiu aigua si la carn s'asseca massa).

**5.** Transferiu les costelles a una plata per servir tèbia i serveixi immediatament.

# Costelles amb Salsa de Tomàquet

## Spuntature al Pomodoro

**Rendeix de 4 a 6 porcions**

*El meu marit i jo vam menjar costelles com aquestes en una osteria favorita, un restaurant informal d'estil familiar a Roma anomenat Enoteca Corsi. Només obre per dinar i el menú és molt limitat. Però cada dia s'omple amb hordes de treballadors d'oficines properes atrets pels seus preus molt justos i el seu deliciós menjar casolà.*

2 cullerades d'oli d'oliva

3 lliures de costelles de porc, tallades a costelles individuals

Sal i pebre negre acabat de moldre

1 ceba mitjana, finament picada

1 pastanaga mitjana, finament picada

1 costella d'api tendra, finament picada

2 dents d'all finament picades

4 fulles de sàlvia, picades

1/2 tassa de vi blanc sec

2 tasses de tomàquets triturats enllaunats

1. En un forn holandès o en una cassola ampla i pesada, escalfeu l'oli a foc mitjà. Afegiu les costelles prou perquè càpiguen còmodament a la paella. Daurar-los bé per tot arreu, uns 15 minuts. Transferiu les costelles a un plat. Escampar-hi sal i pebre. Continueu amb les costelles restants. Quan tot estigui llest, traieu amb una cullera tot menys 2 cullerades de greix.

2. Afegiu la ceba, la pastanaga, l'api, l'all i la sàlvia, i cuini fins que s'estovin, aproximadament 5 minuts. Afegiu el vi i cuini a foc lent durant 1 minut, remenant amb una cullera de fusta i raspant i barrejant els trossos daurats al fons de la paella.

3. Torneu les costelles a la paella. Afegeix els tomàquets, sal i pebre al gust. Cuini de 1 a 11/2 hores, o fins que les costelles estiguin molt tendres i la carn es desprengui dels ossos.

4. Transferiu les costelles i la salsa de tomàquet a un plat per servir i serveixi immediatament.

## Costelles especiades, estil toscà

### Spuntature alla Toscana

**Rendeix de 4 a 6 porcions**

*Amb amics de l'empresa d'oli d'oliva Lucini, vaig visitar la casa dels oliverers a la regió de Chianti a la Toscana. El nostre grup de periodistes va dinar en un oliverar. Després de diverses bruschette i salami, ens van servir bistec, salsitxes, costelles i verdures, tot rostit sobre esqueixos de vinya. Les costelles de porc marinades en un saborós guarniment d'oli d'oliva i espècies triturades eren les meves favorites, i tots vam intentar endevinar què hi havia a la barreja. La canyella i el fonoll eren fàcils, però a tots ens va sorprendre saber que una altra espècie era l'anís estavellat. M'agrada fer servir petites costelles de porc per a aquesta recepta, però les costelles de porc també estarien bé.*

2 anís estrellat

1 cullerada de llavors de fonoll

6 baies de ginebre, lleugerament triturades amb el costat d'un ganivet pesat

1 cullerada de sal marina fina o kosher

1 cullerdeta de canyella

1 cullaradeta de pebre negre finament mòlt

Písca de pebrot vermell triturat

4 cullerades d'oli d'oliva

4 lliures de costelletes, tallades en costelles individuals

1. En un molinet d'espècies o liquadora, combineu l'anís estrellat, el fonoll, el ginebre i la sal. Mola fins que estigui fi, aproximadament 1 minut.

2. En un bol gran i poc profund, combineu el contingut del molinet d'espècies amb la canyella i el pebrot vermell i negre. Afegeix l'oli i remena bé. Fregueu la barreja per totes les costelles. Col·loca les costelles al bol. Cobreixi amb un embolcall de plàstic i refrigeri 24 hores, remenant ocasionalment.

3. Col·loqueu una graella per a barbacoa o graella a unes 6 polzades de la font de calor. Preescalfeu la graella o la graella. Assequeu les costelles amb copets, després cuini a la graella o rostit les costelles, donant-los la volta amb freqüència, fins que estiguin daurades i cuites, aproximadament 20 minuts. Serviu-ho calent.

# Costelles i fesols

## Puntini i Fagioli

**Rendeix 6 porcions**

*Quan sé que tinc una setmana ocupada al davant, m'agrada preparar guisats com aquest. Només milloren quan es preparen amb anticipació i només necessiten un escalfament ràpid per fer un sopar satisfactori. Serveixi aquests amb verdures cuites com espinacs o escarola, o una amanida verda.*

2 cullerades d'oli d'oliva

3 lliures de costelles de porc a l'estil campestre, tallades a costelles individuals

1 ceba picada

1 pastanaga picada

1 gra d'all finament picat

2 1/2 lliures de tomàquets frescos, pelats, sense llavors i picats, o 1 llauna (28 unces) de tomàquets pelats, picats

1 branqueta de romaní (3 polzades)

1 tassa d'aigua

Sal i pebre negre acabat de moldre

3 tasses de fesols cannellini o nabius cuits o enllaunats, escorreguts

1. En un forn holandès gran o una altra olla profunda i pesada amb tapa hermètica calenta l'oli a foc mitjà. Afegiu les costelles prou perquè càpiguen còmodament a la paella. Daurar-los bé per tot arreu, uns 15 minuts. Transferiu les costelles a un plat. Escampar-hi sal i pebre. Continueu amb les costelles restants. Quan tot estigui llest, aboqui-ho tot menys 2 cullerades de greix.

2. Afegeix-hi la ceba, la pastanaga i l'all a l'olla. Cuini, remenant amb freqüència, fins que les verdures estiguin tendres, uns 10 minuts. Afegeix-hi les costelles, després els tomàquets, el romaní, l'aigua i sal i pebre al gust. Deixeu bullir a foc lent i cuini 1 hora.

3. Afegeix-hi els fesols, tapa i cuina 30 minuts o fins que la carn estigui molt tendra i es desprengui de l'os. Proveu i ajusteu la saó. Serviu-ho calent.

# *Xuletes de porc picants amb pebrots en escabetx*

## *Braciole di Maiale amb Peperoncini*

**Rendeix 4 porcions**

*Els xilis picants adobats i els pebrots dolços adobats són un bon guarniment per a sucoses costelles de porc. Ajusta les proporcions dels xilis i pebrots dolços al teu gust. Serveix aquests amb patates fregides.*

2 cullerades d'oli d'oliva

4 costelles de llom de porc tallades al centre, cadascuna d'aproximadament 1 polzada de gruix

Sal i pebre negre acabat de moldre

4 dents d'all, a rodanxes fines

1 1/2 tasses de pebrots dolços confitats a rodanxes

1/4 de tassa de pebrots picants confitats a rodanxes, comoperoncini o jalapenys, o més pebrots dolços

2 cullerades de suc d'escabetx o vinagre de vi blanc

2 cullerades de julivert fresc picat

1. En una paella gran i pesada, escalfeu l'oli a foc mitjà-alt. Assequeu les costelles amb tovalloles de paper i després empolvoreu amb sal i pebre. Cuini les costelles fins que estiguin daurades, aproximadament 2 minuts, després doneu-los la volta amb pinces i daureu per l'altra banda, aproximadament 2 minuts més.

2. Redueix el foc a mig. Escampeu les rodanxes d'all al voltant de les costelles. Cobriu la paella i cuini de 5 a 8 minuts o fins que les costelles estiguin tendres i lleugerament rosades quan es tallen prop de l'os. Regular el foc perquè l'all no es torni marró fosc. Transferiu les costelles a una plata per servir i tapeu-les per mantenir-les calentes.

3. Afegiu els pebrots dolços i picants i el suc de confitat o vinagre a la paella. Cuini, remenant, durant 2 minuts o fins que els pebrots estiguin ben calents i els sucs siguin ensucrats.

4. Afegeix el julivert. Aboqui el contingut de la paella sobre les costelles i serveixi immediatament.

# Chuletas de Porc amb Romero i Pomes

## Braciole al Mele

**Rendeix 4 porcions**

*El sabor agredolç de les pomes és un complement perfecte per a les costelles de porc. Aquesta recepta és de Friuli-Venezia Giulia.*

4 costelles de porc tallades al centre, cadascuna d'aproximadament 1 polzada de gruix

Sal i pebre negre acabat de moldre

1 cullerada de romaní fresc picat

1 cullerada de mantega sense sal

4 pomes golden delicious, pelades i tallades a trossos de 1/2 polzada

1/2 tassa Brou de pollastre

1. Assequeu la carn amb tovalloles de paper. Empolvora les costelles per tots dos costats amb sal, pebre i romaní.

2. En una paella gran i pesada, fon la mantega a foc mitjà. Afegiu les costelles i cuini fins que estiguin ben daurades per una banda,

aproximadament 2 minuts. Donar la volta a les costelles amb unes pinces i daurar per l'altra banda, uns 2 minuts més.

3. Escampar les pomes al voltant de les costelles i abocar el brou. Tapeu la paella i abaixeu el foc. Cuini de 5 a 10 minuts, voltejant les costelles una vegada, fins que estiguin tendres i lleugerament rosades quan es tallen prop de l'os. Serviu-ho immediatament.

# Xuletes de porc amb salsa de xampinyons i tomàquet

## Costolette di Maiale amb Funghi

**Rendeix 4 porcions**

Quan compri costelles de porc, busqueu costelles de mida i gruix similars perquè es cuinin de manera uniforme. Els xampinyons blancs, el vi i els tomàquets són la salsa per a aquestes costelles de porc. Aquest mateix tractament també és bo per a les costelles de vedella.

4 cullerades d'oli d'oliva

4 costelles de llom de porc tallades al centre, cadascuna d'aproximadament 1 polzada de gruix

Sal i pebre negre acabat de moldre

1 1/2 tassa de vi blanc sec

1 tassa de tomàquets frescos o enllaunats picats

1 cullerada de romaní fresc picat

1 paquet (12 unces) de xampinyons blancs, lleugerament esbandits, sense tiges i tallats a la meitat oa quarts si són grans

1. En una paella gran i pesada, calenta 2 cullerades d'oli a foc mitjà. Empolvora les costelles amb sal i pebre. Col·loqueu les costelles a la paella en una sola capa. Cuini fins que estiguin ben daurats per una banda, aproximadament 2 minuts. Donar la volta a les costelles amb pinces i daurar per l'altra banda, al voltant d'1 a 2 minuts més. Transferiu les costelles a un plat.

2. Afegiu el vi a la paella i cuini a foc lent. Afegeix els tomàquets, el romaní i la sal i pebre al gust. Tapi i cuini per 10 minuts.

3. Mentrestant, en una paella mitjana, calfeu les 2 cullerades d'oli restants a foc mitjà. Afegeix els xampinyons, sal i pebre al gust. Cuini, remenant amb freqüència, fins que el líquid s'evapori i els xampinyons estiguin daurats, uns 10 minuts.

4. Torneu les costelles de porc a la paella amb la salsa de tomàquet. Afegeix els xampinyons. Tap i cuini de 5 a 10 minuts més o fins que la carn de porc estigui ben cuita i la salsa estigui lleugerament espessa. Serviu-ho immediatament.

# Chuletas de Porc amb Porcini i Vi Negre

## Costolette amb Funghi i Vi

**Rendeix 4 porcions**

*Daurar costelles o altres talls de carn afegeix sabor i millora la seva aparença. Sempre assequi les costelles amb copets abans de daurar-les, ja que la humitat de la superfície farà que la carn es cuini al vapor i no es dauri. Després de daurar, aquestes costelles es couen a foc lent amb porcí i sec i vi negre. Un toc de crema espessa dóna a la salsa una textura suau i un ric sabor.*

1 unça de fongs porcini secs

1 1/2 tasses d'aigua tèbia

2 cullerades d'oli d'oliva

4 costelles de llom de porc tallades al centre, d'aproximadament 1 polzada de gruix

Sal i pebre negre acabat de moldre

1/2 tassa de vi negre sec

1/4 tassa de crema espessa

1. Col·loqueu els xampinyons en un bol amb l'aigua. Deixeu reposar 30 minuts. Treu els bolets del líquid i esbandeix-los bé amb aigua corrent, prestant especial atenció a la base de les tiges on s'acumula la terra. Escórrer, després picar bé. Aboqui el líquid de remull a través d'un colador de paper amb filtre de cafè en un bol.

2. En una paella gran, escalfa l'oli a foc mitjà. Assequeu les costelles. Col·loqueu les costelles a la paella en una sola capa. Cuini fins que estiguin ben daurats, aproximadament 2 minuts. Donar la volta a les costelles amb pinces i daurar per l'altra banda, al voltant d'1 a 2 minuts més. Escampar-hi sal i pebre. Transferiu les costelles a un plat.

3. Afegiu el vi a la paella i cuini a foc lent durant 1 minut. Afegiu els porcini i el seu líquid de remull. Redueix la calor com a mínim. Cuini a foc lent de 5 a 10 minuts, o fins que el líquid es redueixi. Afegiu la crema i cuini 5 minuts més.

4. Torneu les costelles a la paella. Cuini 5 minuts més o fins que les costelles estiguin ben cuites i la salsa espesseixi. Serviu-ho immediatament.

# Xuletes de porc amb col

## Costolette di Maiale amb Cavolo Rosso

**Rendeix 4 porcions**

*El vinagre balsàmic afegeix color i dolçor a la col vermella i ofereix un bon equilibri a la carn de porc. No cal utilitzar un vinagre balsàmic anyenc per a aquesta recepta. Deseu-lo per usar-lo com a condiment per a formatge o carn cuita.*

2 cullerades d'oli d'oliva

4 costelles de llom de porc tallades al centre, d'aproximadament 1 polzada de gruix

Sal i pebre negre acabat de moldre

1 ceba gran picada

2 grans d'all, finament picades

2 lliures de col llombarda, tallada a tires fines

1/4 tassa de vinagre balsàmic

2 cullerades d'aigua

1. En una paella gran, escalfa l'oli a foc mitjà. Assequeu les costelles amb tovalloles de paper. Afegeix les costelles a la paella. Cuini fins que estigui ben daurat, aproximadament 2 minuts. Doneu la volta a la carn amb pinces i daureu per l'altra banda, al voltant d'1 a 2 minuts més. Escampar-hi sal i pebre. Transferiu les costelles a un plat.

2. Afegiu la ceba a la paella i cuini 5 minuts. Afegiu l'all i cuini 1 minut més.

3. Afegeix-hi la col, el vinagre balsàmic, l'aigua i la sal al gust. Tape i cuini, remenant ocasionalment, fins que la col estigui tendre, aproximadament 45 minuts.

4. Afegiu les costelles a la paella i cuini, donant-los volta una o dues vegades a la salsa, fins que la carn estigui ben cuita i lleugerament rosada quan es talli prop de l'os, uns 5 minuts més. Serviu-ho immediatament.

## Chuletas de Porc amb Fonoll i Vi Blanc

### Braciole di Maiale al Vi

**Rendeix 4 porcions**

*No queda gaire salsa a la paella quan aquestes costelles estan llestes, només una cullerada o dues de glacejat concentrat per humitejar la carn. Si preferiu no utilitzar llavors de fonoll, intenteu substituir una cullerada de romaní fresc.*

2 cullerades d'oli d'oliva

4 costelles de llom de porc tallades al centre, d'aproximadament 1 polzada de gruix

1 gra d'all, lleugerament triturat

Sal i pebre negre acabat de moldre

2 culleradetes de llavors de fonoll

1 tassa de vi blanc sec

1. En una paella gran, escalfeu l'oli a foc mitjà-alt. Assequeu les costelles de porc. Afegeix les costelles de porc i l'all a la paella. Cuini fins que les costelles estiguin daurades, aproximadament 2 minuts. Empolvora amb les llavors de fonoll i la sal i pebre.

Doneu la volta a les costelles amb unes pinces i daureu per l'altra banda, al voltant d'1 a 2 minuts més.

2. Afegiu el vi i deixeu bullir a foc lent. Tape i cuini de 3 a 5 minuts o fins que les costelles estiguin ben cuites i lleugerament rosades quan es tallen prop de l'os.

3. Transfereixi les costelles a un plat i rebutgi l'all. Cuini els sucs de la paella fins que estiguin reduïts i espessos. Aboqui els sucs sobre les costelles i serveixi immediatament.

# Xuletes de porc, estil pizzer

## Braciole alla Pizzaiola

**Rendeix 4 porcions**

*A Nàpols, les costelles de porc i els filets petits també es poden preparar allà pizzaiola, a l'estil del pizzer. La salsa se serveix típicament sobre espaguetis com a primer plat. Les costelles se serveixen com a segon plat amb una amanida verda. Hi ha d'haver prou salsa per a mitja lliura d'espagueti, amb una cullerada o més per servir amb les costelles.*

2 cullerades d'oli d'oliva

4 costelles de costella de porc, d'aproximadament 1 polzada de gruix

Sal i pebre negre acabat de moldre

2 grans d'all, finament picades

1 llauna (28 unces) de tomàquets pelats, escorreguts i picats

1 culleradeta d'orenga seca

1 pessic de pebrot vermell triturat

2 cullerades de julivert fresc picat

1. En una paella gran, escalfa l'oli a foc mitjà. Assequeu les costelles i empolvoreu amb sal i pebre. Afegeix les costelles a la paella. Cuini fins que les costelles estiguin daurades, aproximadament 2 minuts. Donar la volta a les costelles amb unes pinces i daurar per l'altra banda, uns 2 minuts més. Transferiu les costelles a un plat.

2. Afegeix l'all a la paella i cuina-ho 1 minut. Afegeix-hi els tomàquets, l'orenga, el pebrot vermell i la sal al gust. Porteu la salsa a foc lent. Cuini, remenant ocasionalment, 20 minuts o fins que la salsa estigui espessa.

3. Torneu les costelles a la salsa. Cuini 5 minuts, voltejant les costelles una o dues vegades, fins que estiguin ben cuites i lleugerament rosades quan es tallen prop de l'os. Empolvora amb julivert. Serveixi immediatament, o si fa servir la salsa per a espaguetis, cobreixi les costelles amb paper d'alumini per mantenir calentes.

# Chuletes de porc, estil Molise

## Pampanella Sammartinese

**Rendeix 4 porcions**

*Aquestes costelles són picants i inusuals. Hi va haver un temps en què els cuiners de Molise assecaven els seus propis pebrots vermells dolços al sol per fer pebre vermell. Actualment, a Itàlia s'utilitza pebre vermell dolç elaborat comercialment. Als Estats Units, utilitzeu pebre vermell importat d'Hongria per obtenir el millor sabor.*

*Rostir costelles de porc és complicat perquè es poden assecar molt fàcilment. Mireu-los amb atenció i cuineu-los només fins que la carn estigui lleugerament rosada prop de l'os.*

¼ tassa de pebre vermell dolç

2 dents d'all picades

1 culleradeta de sal

Pebre vermell mòlt

2 cullerades de vinagre de vi blanc

4 costelles de llom de porc tallades al centre, d'aproximadament 1 polzada de gruix

1. En un bol petit, barregi el pebre vermell, l'all, la sal i un pessic generós de pebrot vermell triturat. Afegiu el vinagre i regireu fins que quedi suau. Col·loca les costelles en un plat i unta-les per tot arreu amb la pasta. Cobreixi i refrigeri 1 hora fins a tota la nit.

2. Col·loqueu una graella per a barbacoa o graella a unes 6 polzades de la font de calor. Preescalfeu la graella o la graella. Cuini les costelles de porc fins que es daurin per una banda, aproximadament 6 minuts, després doneu la volta a la carn amb pinces i daureu l'altra banda, aproximadament 5 minuts més. Tallar les costelles a prop de l'os; la carn ha de quedar lleugerament rosada. Serviu-ho immediatament.

# Filet de porc glacejat amb balsàmic amb ruca i parmigià

## Maiale al Balsamic amb Insalata

**Rendeix 6 porcions**

Els filets de porc són de cocció ràpida i baixos en greix. Aquí, les rodanxes de porc glacejades es combinen amb una amanida de ruca cruixent. Si no podeu trobar ruca, substituïu-la per créixens.

2 filets de porc (aproximadament 1 lliura cadascun)

1 gra d'all finament picat

1 cullerada de vinagre balsàmic

1 culleradeta de mel

Sal i pebre negre acabat de moldre

**Amanida**

2 cullerades d'oli d'oliva

1 cullerada de vinagre balsàmic

Sal i pebre negre acabat de moldre

6 tasses de ruca tallada, esbandida i seca

Un tros de Parmigià-Reggià

1. Col·loqueu una reixeta al centre del forn. Preescalfeu el forn a 450 ° F. Greixeu una safata per enfornar prou gran com per contenir la carn de porc.

2. Assequeu la carn de porc amb tovalloles de paper. Doblega els extrems prims cap avall perquè tingui un gruix uniforme. Col·loqueu els filets a una polzada de distància a la paella.

3. En un bol petit, barregeu l'all, el vinagre, la mel i la sal i pebre al gust.

4. Raspalli la barreja sobre la carn. Col·loca la carn de porc al forn i nansa durant 15 minuts. Aboqui 1/2 tassa d'aigua al voltant de la carn. Rosti de 10 a 20 minuts més o fins que estigui daurat i tendre. (La carn de porc està llesta quan la temperatura interna arriba als 150 ° F en un termòmetre de lectura instantània). Traieu la carn de porc del forn. Deixa-ho a la paella i deixa-ho reposar almenys 10 minuts.

5. En un bol gran, barregeu l'oli, el vinagre, la sal i el pebre al gust. Afegiu la ruca i barregi amb el guarniment. Apila la ruca al centre d'una font gran o plats individuals.

**6.** Talleu el porc a rodanxes fines i poseu-lo al voltant de les verdures. Ruixeu amb els sucs de la paella. Amb un pelador de verdures de fulla giratòria, afaiti rodanxes fines de Parmigiano-Reggiano sobre la ruca. Serviu-ho immediatament.

# Filet de porc a les herbes

## Filetto di Maiale alle Erbe

**Rendeix 6 porcions**

*Els filets de porc ara estan disponibles, generalment empacats de dos per paquet. Són magres i tendres, si no es cuinen gaire, encara que el sabor és molt suau. Rostir-los a la graella els dóna més sabor i es poden servir calents oa temperatura ambient.*

2 filets de porc (aproximadament 1 lliura cadascun)

2 cullerades d'oli d'oliva

2 cullerades de sàlvia fresca picada

2 cullerades d'alfàbrega fresca picada

2 cullerades de romaní fresc picat

1 gra d'all finament picat

Sal i pebre negre acabat de moldre

1. Assequeu la carn amb tovalloles de paper. Col · loqueu els filets de porc en un plat.

**2.** En un bol petit, barregeu l'oli, les herbes, l'all i la sal i pebre al gust. Fregueu la barreja sobre els filets. Cobreixi i refrigeri almenys 1 hora o fins a tota la nit.

**3.** Preescalfeu la graella o la graella. Rosteix els filets de 7 a 10 minuts o fins que es daurin. Doneu la volta a la carn amb pinces i cuini 7 minuts més, o fins que un termòmetre de lectura instantània inserit al centre marqui 150 ° F. Empolvora amb sal. Deixeu reposar la carn 10 minuts abans de tallar-la. Serviu-ho calent oa temperatura ambient.

## Filet de porc a la calabresa amb mel i Xile

### Carn 'ncantarata

**Rendeix 6 porcions**

*Més que a qualsevol altra regió d'Itàlia, els cuiners de Calàbria incorporen els pebrots xile a la cuina. Els xilis es fan servir frescos, secs, mòlts o triturats en fulles o en pols, com pebre vermell o caiena.*

*A Castrovillari, el meu marit i jo vam menjar a Locanda di Alia, un elegant restaurant i posada campestre. El restaurant més famós de la regió està dirigit pels germans Alia. Gaetano és el xef, mentre que Pinuccio maneja el front de la casa. La seva especialitat és la carn de porc marinada amb fonoll i chiles amb salsa de mel i xile. Pinuccio va explicar que la recepta, que té almenys dos-cents anys, es va fer amb carn de porc en conserva que havia estat salada i curada durant uns quants mesos. Aquesta és una manera més àgil de fer-ho.*

*El pol·len de fonoll es pot trobar a moltes botigues especialitzades en herbes i espècies. (VeureFonts.) Es poden fer servir llavors de fonoll triturades si el pol·len no està disponible.*

2 filets de porc (aproximadament 1 lliura cadascun)

2 cullerades de mel

1 culleradeta de sal

1 culleradeta de pol·len de fonoll o llavors de fonoll triturades

Písca de pebrot vermell triturat

1/2 tassa de suc de taronja

2 cullerades de pebre vermell

1. Col·loqueu una reixeta al centre del forn. Preescalfeu el forn a 425 ° F. Greixeu una safata per enfornar prou gran com per contenir la carn de porc.

2. Doblega els extrems prims dels filets cap avall perquè tinguin un gruix uniforme. Col·loqueu els filets a una polzada de distància a la paella.

3. En un bol petit, barregeu la mel, la sal, el pol·len de fonoll i el pebrot vermell triturat. Raspalli la barreja sobre la carn. Col·loca la carn de porc al forn i nansa durant 15 minuts.

4. Aboqui el suc de taronja al voltant de la carn. Rosti de 10 a 20 minuts més, o fins que estigui daurat i tendre. (La carn de porc està llesta quan la temperatura interna arriba als 150 ° F en un termòmetre de lectura instantània). Transferiu la carn de porc a

una taula de tallar. Cobreix amb paper alumini i mantingues calent mentre prepares la salsa.

5. Col·loqueu la safata per enfornar a foc mitjà. Afegiu el pebre vermell i cuini, raspant el fons de la paella, durant 2 minuts.

6. Tallar el porc a rodanxes i servir-ho amb la salsa.

## Porc Rostit amb Patates i Romero

### Arista di Maiale amb Patate

**Rendeix de 6 a 8 porcions**

*A tothom li encanta aquest rostit de porc; és fàcil de fer i les papes absorbeixen els sabors del porc mentre es cuinen juntes a la mateixa paella. Irresistible.*

1 llom de porc rostit desossat tallat al centre (al voltant de 3 lliures)

2 cullerades de romaní fresc picat

2 cullerades d'all fresc picat

4 cullerades d'oli d'oliva

Sal i pebre negre acabat de moldre

2 lliures de papes noves, tallades a la meitat oa quarts si són grans

1. Col·loqueu una reixeta al centre del forn. Preescalfeu el forn a 425 ° F. Greixeu una font per rostir prou gran com per contenir la carn de porc i les papes sense que s'amunteguin.

2. En un bol petit feu una pasta amb el romaní, l'all, 2 cullerades d'oli i una generosa quantitat de sal i pebre. Barregeu les papes a

la paella amb les 2 cullerades d'oli restants i la meitat de la pasta d'all. Empenyeu les papes de banda i col·loqueu la carn amb el greix cap amunt al centre de la paella. Fregueu o escampeu la resta de la pasta per tota la carn.

3. Rosteix 20 minuts. Donar la volta a les patates. Reduïu el foc a 350 ° F. Rostiu 1 hora més, voltejant les patates cada 20 minuts. La carn està llesta quan la temperatura interna del porc arriba als 150 ° F en un termòmetre de lectura instantània.

4. Transferiu la carn a una taula de tallar. Cobriu sense prémer amb paper alumini i deixeu reposar 10 minuts. Les patates han d'estar daurades i tendres. Si cal, puja el foc i cuina'ls una mica més.

5. Talla la carn a rodanxes i col·loca-la en una safata calenta envoltada de patates. Serviu-ho calent.

## Llom de Porc a la Llimona

### Maiale amb Limone

**Rendeix de 6 a 8 porcions**

*El llom de porc rostit amb ratlladura de llimona és un excel·lent sopar dominical. Ho serveixo amb fesols cannellini cuits a foc lent i una verdura verda com a bròquil o cols de Brussel·les.*

*Marcar el llom amb mantega és força fàcil de fer vostè mateix si segueix les instruccions; altrament, feu que el carnisser s'encarregui.*

1 llom de porc rostit desossat tallat al centre (al voltant de 3 lliures)

1 culleradeta de ratlladura de llimona

2 dents d'all finament picades

2 cullerades de julivert fresc picat

2 cullerades d'oli d'oliva

Sal i pebre negre acabat de moldre

1/2 tassa de vi blanc sec

1. Col·loqueu una reixeta al centre del forn. Preescalfeu el forn a 425 ° F. Greixeu una font per rostir prou gran com per contenir la carn.

2. En un bol petit, barregeu la ratlladura de llimona, l'all, el julivert, l'oli i la sal i pebre al gust.

3. Assequeu la carn amb tovalloles de paper. Per col·locar el porc en papallona, col·loca'l sobre una taula de tallar. Amb un ganivet llarg i esmolat, com un ganivet per desossar o un ganivet de xef, talleu la carn de porc gairebé per la meitat al llarg, aturant-se aproximadament a 3/4 de polzada d'un costat llarg. Obre la carn com un llibre. Esteneu la barreja de llimona i all sobre el costat de la carn. Enrotlleu la carn de porc d'una banda a l'altra com una salsitxa i lligueu-la amb una corda de cuina a intervals de 2 polzades. Empolvoreu l'exterior amb sal i pebre.

4. Col·loqueu la carn amb el greix cap amunt a la paella preparada. Rosteix 20 minuts. Reduïu el foc a 350 ° F. Rosteix 40 minuts més. Afegiu el vi i rosti de 15 a 30 minuts més, o fins que la temperatura en un termòmetre de lectura instantània arribi als 150 ° F.

5. Transferiu el rostit a una taula de tallar. Cobriu la carn sense prémer amb paper d'alumini. Deixeu reposar 10 minuts abans

de tallar. Col·loqueu la paella a l'estufa a foc mitjà i redueixi una mica els sucs de la paella. Talla el porc a rodanxes i col·loca'l en una plata per servir. Aboqui els sucs sobre la carn. Serviu-ho calent.

# Llom de Porc amb Pomes i Grappa

## Maiale amb Mele

**Rendeix de 6 a 8 porcions**

*Pomes i cebes combinats amb grappa i romaní donen sabor a aquest saborós llom de porc rostit de Friuli-Venezia Giulia.*

1 llom de porc rostit desossat tallat al centre (al voltant de 3 lliures)

1 cullerada de romaní fresc picat, i més per decorar

Sal i pebre negre acabat de moldre

2 cullerades d'oli d'oliva

2 pomes Granny Smith o altres pomes àcides, pelades i en rodanxes fines

1 ceba petita, finament llesca

1/4 tassa de grappa o brandi

1 1/2 tassa de vi blanc sec

1. Col·loqueu una reixeta al centre del forn. Preescalfeu el forn a 350 ° F. Greixeu lleugerament una plata per rostir prou gran com per contenir la carn.

2. Fregueu el porc amb el romaní, sal i pebre al gust i oli d'oliva. Col·loqueu la carn amb el greix cap amunt a la paella i envolti amb les rodanxes de poma i ceba.

3. Aboqui la grappa i el vi sobre la carn. Rosteix durant 1 hora i 15 minuts, o fins que un termòmetre de lectura instantània inserit al centre marqui 150 ° F. Transferiu la carn a una taula de tallar i cobriu-la amb paper d'alumini per mantenir calenta.

4. Les pomes i les cebes han d'estar toves. Si no és així, torneu la paella al forn i rostiu 15 minuts més.

5. Quan estiguin tendres, raspi les pomes i les cebes en un processador d'aliments o liquadora. Feu puré fins que quedi suau. (Afegiu una cullerada o dues d'aigua tèbia per diluir la barreja si cal).

6. Talla la carn a rodanxes i col·loca-la en una plata calenta. Col·loqueu el puré de poma i ceba de banda. Adorni amb romaní fresc. Serviu-ho calent.

# Porc Rostit amb Avellanes i Nata

## Arrosto di Maiale alle Nocciole

**Rendeix de 6 a 8 porcions**

*Aquesta és una variació d'una recepta de porc rostit piemontesa que va aparèixer per primera vegada al meu llibre Cuina italiana nadalenca. Aquí la crema, juntament amb les avellanes, enriqueix la salsa.*

1 llom de porc rostit desossat tallat al centre (al voltant de 3 lliures)

2 cullerades de romaní fresc picat

2 grans d'all, finament picades

2 cullerades d'oli d'oliva

Sal i pebre negre acabat de moldre

1 tassa de vi blanc sec

½ tassa d'avellanes, torrades, sense pell i picades a trossos grans (veureCom torrar i pelar nous)

1 tassa casolanaBrou de carnoBrou de pollastre, o brou de cap de bestiar o pollastre comprat a la botiga

¹1/2 tassa de crema espessa

1. Col·loqueu una reixeta al centre del forn. Preescalfeu el forn a 425 ° F. Greixeu una font per rostir prou gran com per contenir la carn.

2. En un bol petit, barregeu el romaní, l'all, l'oli i la sal i pebre al gust. Col·loqueu la carn amb el greix cap amunt a la paella. Fregueu la barreja d'all per tot el porc. Rosteix la carn 15 minuts.

3. Aboqui el vi sobre la carn. Cuini de 45 a 60 minuts més, o fins que la temperatura del porc arribi als 150 ° F en un termòmetre de lectura instantània i la carn estigui tendra en punxar-la amb una forquilla. Mentrestant, prepara les avellanes, si cal.

4. Transferiu la carn a una taula de tallar. Cobrir amb paper dalumini per mantenir la calor.

5. Col·loqueu la paella a foc mitjà a la part superior de l'estufa i bulli els sucs a foc lent. Afegiu el brou i cuini a foc lent 5 minuts, raspant i barrejant els trossos daurats al fons de la paella amb una cullera de fusta. Afegiu la crema i cuini a foc lent fins que espesseixi una mica, aproximadament 2 minuts més. Afegeix les nous picades i retira del foc.

**6.** Tallar la carn a rodanxes i col·locar les rodanxes en una plata per servir calenta. Aboqui la salsa sobre la carn de porc i serviu-la calenta.

## Llom de porc toscà

### Arista di Maiale

**Rendeix de 6 a 8 porcions**

*Aquí hi ha un rostit de porc clàssic a l'estil toscà. Cuinar la carn amb l'os la fa molt més saborosa i els ossos també són excel·lents per rosegar.*

3 grans d'all

2 cullerades de romaní fresc

Sal i pebre negre acabat de moldre

2 cullerades d'oli d'oliva

1 costella rostida amb os, tallada al centre, al voltant de 4 lliures

1 tassa de vi blanc sec

1. Col·loqueu una reixeta al centre del forn. Preescalfeu el forn a 325 ° F. Greixeu una font per rostir prou gran com per contenir el rostit.

2. Pica molt finament l'all i el romaní junts, després col·loca'ls en un bol petit. Afegeix-hi la sal i el pebre al gust i barreja-ho bé per

formar una pasta. Col · loqueu el rostit amb el greix cap amunt a la paella. Amb un ganivet petit, feu talls profunds en tota la superfície del porc, després inseriu la barreja als talls. Fregueu tot el rostit amb oli d'oliva.

3. Així 1 hora 15 minuts o fins que la carn arribi a una temperatura interna de 150 ° F en un termòmetre de lectura instantània. Transferiu la carn a una taula de tallar. Cobrir amb paper dalumini per mantenir la calor. Deixeu reposar 10 minuts.

4. Col · loqueu la paella a foc lent a la part superior de l'estufa. Afegiu el vi i cuini, raspant i barrejant els trossos daurats al fons de la paella amb una cullera de fusta fins que es redueixi lleugerament, aproximadament 2 minuts. Aboqui els sucs a través d'un colador en un bol i traieu el greix. Torneu a escalfar si cal.

5. Talla la carn a rodanxes i col·loca-la en una plata per servir calenta. Serveix-lo calent amb els sucs de la paella.

# Espatlla de porc rostida amb fonoll

## Porchetta

**Rendeix 12 porcions**

*Aquesta és la meva versió del fabulós porc rostit conegut com a porchetta, que es ven a tot el centre d'Itàlia, inclosos Lazio, Umbría i Abruzzo. Les llesques de carn de porc es venen en camions especials, i les pot demanar en un sandvitx o embolicades en paper per portar a casa. Tot i que la carn és deliciosa, la pell de porc cruixent és la millor part.*

*El rostit es cou durant molt de temps ia alta temperatura perquè és molt dens. L'alt contingut de greix manté la carn humida i la pell es torna marró i cruixent. Un pernil fresc es pot substituir per la paleta de porc.*

1 (7 lliures) de paleta de porc rostida

8 a 12 dents d'all

2 cullerades de romaní fresc picat

1 cullerada de llavors de fonoll

1 cullerada de sal

1 culleradeta de pebre negre acabat de moldre

1/4 tassa d'oli d'oliva

1. Aproximadament 1 hora abans de començar a rostir la carn, retira-la de la nevera.

2. Pica molt finament l'all, el romaní, el fonoll i la sal, després col·loca els condiments en un bol petit. Afegiu el pebre i l'oli per formar una pasta suau.

3. Amb un ganivet petit, feu talls profunds a la superfície del porc. Insereix la pasta a les ranures.

4. Col·loqueu una reixeta al terç inferior del forn. Preescalfeu el forn a 350 ° F. Quan estigui llest, poseu el rostit al forn i cuini 3 hores. Traieu l'excés de greix amb una cullera. Rosti la carn de 1 a 1 hora i mitja més, o fins que la temperatura arribi als 160 ° F en un termòmetre de lectura instantània. Quan la carn estigui llesta, el greix estarà cruixent i tindrà un color marró fosc.

5. Transferiu la carn a una taula de tallar. Cobrir amb paper alumini per mantenir la calor i deixar reposar 20 minuts. Tallar i servir calent oa temperatura ambient.

## *Garrí rostit*

## *Maialino Arrosto*

**Rendeix de 8 a 10 porcions**

*Un garrí és aquell al qual no se li ha permès menjar menjar per a porcs adults. Als Estats Units, els garrins solen pesar entre 15 i 20 lliures, encara que a Itàlia són la meitat d'aquesta mida. Fins i tot amb el pes més alt, realment no hi ha molta carn en un garrí, així que no planegeu servir més de vuit a deu convidats. A més, assegureu-vos de tenir una safata per enfornar molt gran per acomodar un garrí sencer, que tindrà aproximadament 30 polzades de llarg, i assegureu-vos que el seu forn s'adapti a la safata. Qualsevol bon carnisser hauria de poder obtenir un garrí fresc per a vostè, però faci esbrinaments abans de planejar-ho.*

*Els cuiners sards són famosos pel seu garrí, però ho he menjat a molts llocs d'Itàlia. El que recordo millor va ser part d'un dinar memorable gaudit al celler Majo di Norante a Abruzzo.*

1 garrí, al voltant de 15 lliures

4 dents d'all

2 cullerades de julivert fresc picat

1 cullerada de romaní fresc picat

1 cullerada de sàlvia fresca picada

1 culleradeta de baies de ginebre picades

Sal i pebre negre acabat de moldre

6 cullerades d'oli d'oliva

2 fulles de llorer

1 tassa de vi blanc sec

Poma, taronja o una altra fruita per decorar (opcional)

1. Col·loqueu una reixeta al terç inferior del forn. Preescalfeu el forn a 425 ° F. Greixeu una safata per enfornar prou gran com per contenir el porc.

2. Esbandiu bé el porc per dins i per fora i assequi'l amb tovalloles de paper.

3. Pica l'all, el julivert, el romaní, la sàlvia i les baies de ginebre, després col·loca els condiments en un bol petit. Afegiu una generosa quantitat de sal i pebre acabat de moldre. Afegeix-hi dues cullerades d'oli.

4. Col·loqueu el porc de costat sobre una reixeta gran per rostir a la safata preparada i escampa la barreja d'herbes dins de la cavitat del cos. Afegeix les fulles de llorer. Talla talls d'aproximadament 1/2 polzada de profunditat a banda i banda de la columna vertebral. Fregueu l'oli restant per tota la superfície del porc. Cobriu les orelles i la cua amb paper d'alumini. (Si voleu servir el porc sencer amb una poma o una altra fruita a la boca, mantingueu la boca oberta amb una bola de paper d'alumini de la mida de la fruita). Empolvoreu l'exterior amb sal i pebre.

5. Rosti el porc 30 minuts. Reduïu el foc a 350 ° F. Ruixeu amb el vi. Rosti de 2 a 21/2 hores més, o fins que un termòmetre de lectura instantània inserit a la part carnosa del quart del darrere registri 170 ° F. Ruixeu cada 20 minuts amb els sucs de la paella.

6. Transferiu el porc a una taula de tallar gran. Cobrir amb paper alumini i deixar reposar 30 minuts. Traieu la coberta de paper d'alumini i la bola de paper d'alumini de la boca, si s'utilitza. Reemplaceu la bola de paper d'alumini amb la fruita, si la feu servir. Transferiu a una plata per servir i serveixi calenta.

7. Traieu el greix dels sucs de la paella i escalfeu-los a foc lent. Aboqui els sucs sobre la carn. Serviu-ho immediatament.

# Rostit de llom de porc desossat i especiat

## Maiale a Porchetta

**Rendeix de 6 a 8 porcions**

*El llom de porc desossat es rosteix amb les mateixes espècies que s'utilitzen per a la porchetta (porc nadó rostit en un rostidor) a moltes parts del centre d'Itàlia. Després d'un breu període de cocció a foc alt, la temperatura del forn es baixa, cosa que manté la carn tendra i sucosa.*

4 dents d'all

1 cullerada de romaní fresc

6 fulles fresques de sàlvia

6 baies de ginebre

1 culleradeta de sal

1/2 culleradeta de pebre negre acabat de moldre

1 llom de porc rostit desossat i tallat al centre, al voltant de 3 lliures

Oli d'oliva verge extra

1 tassa de vi blanc sec

1. Col·loqueu una reixeta al centre del forn. Preescalfeu el forn a 450 °F. Greixeu una font per rostir prou gran com per contenir la carn de porc.

2. Pica molt finament l'all, el romaní, la sàlvia i les baies de ginebre. Barregeu la barreja d'herbes, la sal i el pebre.

3. Amb un ganivet gran i esmolat, talli la carn al llarg pel centre, deixant-la adherida de banda. Obriu la carn com un llibre i escampeu dos terços de la barreja d'espècies sobre la carn. Tanqueu la carn i lligueu-la amb una corda a intervals de 2 polzades. Fregueu la resta de la barreja d'espècies per fora. Col·loqueu la carn a la paella. Ruixeu amb oli d'oliva.

4. Rosteix el porc 10 minuts. Reduïu el foc a 300 °F i aneu 60 minuts més, o fins que la temperatura interna del porc arribi als 150 °F.

5. Traieu el rostit a una plata per servir i cobriu-lo amb paper d'alumini. Deixeu reposar 10 minuts.

6. Afegiu el vi a la paella i poseu-lo a foc mitjà a la part superior de l'estufa. Cuini, raspant els trossos marrons a la paella amb una cullera de fusta, fins que els sucs es redueixin i s'espesseixin.

Tallar la carn de porc a rodanxes i col·locar sobre els sucs de la paella. Serviu-ho calent.

# Espatlla de porc a la brasa en llet

## Maiale al Latte

**Rendeix de 6 a 8 porcions**

*A Llombardia i Vèneto, la vedella, el porc i el pollastre de vegades es cuinen en llet. Això manté la carn tendra, i quan està a punt, la llet fa una salsa marró cremosa per servir amb la carn.*

*Les verdures, la cansalada i el vi afegeixen sabor. Utilitzo una paleta sense os o un rostit de gom a gom per a aquest plat perquè s'adapta bé a una cocció lenta i humida. La carn es cuina a l'estufa, per la qual cosa no cal que encengueu el forn.*

1 paleta de porc desossada o rostit al màxim (aproximadament 3 lliures)

4 unces de cansalada finament picada

1 pastanaga finament picada

1 petita costella d'api tendre

1 ceba mitjana, finament picada

1 litre de llet

Sal i pebre negre acabat de moldre

- 1/2 tassa de vi blanc sec

1. En un forn holandès gran o una altra olla profunda i pesada amb tapa hermètica, combineu la carn de porc, cansalada, pastanaga, api, ceba, llet i sal i pebre al gust. Porteu el líquid a foc lent a foc mitjà.

2. Tapeu parcialment l'olla i cuini a foc mitjà, voltejant ocasionalment, aproximadament 2 hores o fins que la carn estigui tendra en punxar-la amb una forquilla.

3. Transferiu la carn a una taula de tallar. Cobrir amb paper dalumini per mantenir la calor. Puja el foc sota l'olla i cuina fins que el líquid es redueixi i es dauri lleugerament. Aboqui els sucs a través d'un colador en un bol, després aboqui el líquid novament a l'olla

4. Aboqui el vi a l'olla i cuini a foc lent, raspant i barrejant els trossos daurats amb una cullera de fusta. Talla la carn de porc a rodanxes i col·loca-la en una safata calenta. Aboqui el líquid de cocció per sobre. Serviu-ho calent.

## *Espatlla de porc brasejada amb raïm*

## *Maiale all 'Raïm*

**Rendeix de 6 a 8 porcions**

*La paleta o llom de porc és especialment bo per estofar. Es manté agradable i humit malgrat el llarg bull. Solia fer aquesta recepta siciliana amb llom de porc, però ara trobo que el llom és massa magre i la paleta té més sabor.*

1 lliura de cebes perla

3 lliures de paleta o del darrere de porc desossat, enrotllat i lligat

2 cullerades d'oli d'oliva

Sal i pebre negre acabat de moldre

1/4 tassa de vinagre de vi blanc

1 lliura de raïms verds sense llavors, sense tija (aproximadament 3 tasses)

1. Porteu una olla gran amb aigua a bullir. Afegeix les cebes i cuina per 30 segons. Escórrer i refredar amb aigua corrent freda.

2. Amb un ganivet de cuina esmolat, afaiti la punta dels extrems de l'arrel. No talleu els extrems massa profundament o les cebes s'ensorraran durant la cocció. Retireu les pells.

3. En un forn holandès prou gran per contenir la carn o una altra olla profunda i pesada amb una tapa hermètica, calenta l'oli a foc mitjà-alt. Assequeu la carn de porc amb tovalloles de paper. Col·loqueu la carn de porc a l'olla i daure bé per tot arreu, uns 20 minuts. Inclina l'olla i treu el greix amb una cullera. Empolvora la carn de porc amb sal i pebre.

4. Afegiu el vinagre i deixeu-ho a foc lent, raspant els trossos daurats del fons de l'olla amb una cullera de fusta. Afegeix-hi les cebes i 1 tassa d'aigua. Reduïu el foc a baix i cuini a foc lent durant 1 hora.

5. Afegeix el raïm. Cuini 30 minuts més o fins que la carn estigui molt tendra en punxar-la amb una forquilla. Transferiu la carn a una taula de tallar. Cobrir amb paper dalumini per mantenir la calor i deixar reposar 15 minuts.

6. Talla la carn de porc a rodanxes i col·loca-la en una safata calenta. Aboqui la salsa de raïm i ceba i serveixi immediatament.

## *Paleta de porc a la cervesa*

### *Maiale alla Birra*

**Rendeix 8 porcions**

*Les cuixes de porc fresques es cuinen d'aquesta manera a Trentino-Alt Adige, però com que aquest tall no està àmpliament disponible als Estats Units, utilitzo els mateixos condiments per cuinar una paleta amb os. Hi haurà molt de greix al final del temps de cocció, però aquest es pot treure fàcilment de la superfície del líquid de cocció. Millor encara, cuini la carn de porc un dia abans de servir i refredi la carn i els sucs de cocció per separat. El greix s'endurirà i es podrà eliminar fàcilment. Torneu a escalfar la carn de porc al líquid de cocció abans de servir.*

5 a 7 lliures de paleta de porc amb os (pícnic o posterior de Boston)

Sal i pebre negre acabat de moldre

2 cullerades d'oli d'oliva

1 ceba mitjana, finament picada

2 dents d'all finament picades

2 branquetes de romaní fresc

2 fulles de llorer

12 unces de cervesa

1.Assequeu la carn de porc amb tovalloles de paper. Empolvoreu la carn amb sal i pebre.

2.En un forn holandès gran o una altra olla profunda i pesada amb tapa hermètica calenta l'oli a foc mitjà. Col·loqueu la carn de porc a l'olla i dori-la bé per tot arreu, aproximadament 20 minuts. Traieu tot el greix menys 1 o 2 cullerades.

3.Escampar la ceba, l'all, el romaní i les fulles de llorer per tota la carn i cuinar 5 minuts. Afegiu la cervesa i cuini a foc lent.

4.Tapeu l'olla i cuini, voltejant la carn de tant en tant, durant 2 1/2 a 3 hores, o fins que la carn estigui tendra en punxar-la amb un ganivet.

5.Colar els sucs de la paella i treure el greix. Tallar el porc a rodanxes i servir-lo amb els sucs de la paella. Serviu-ho calent.

# Xuletes de Xai al Vi Blanc

## Braciole di Agnello al Vi Bianco

**Rendeix 4 porcions**

*Aquí hi ha una forma bàsica de preparar costelles de xai que es poden fer amb llom tendre o talls de costella o amb costelles d'espatlla més mastegables, però molt menys costoses. Per obtenir el millor sabor, talleu la carn de l'excés de greix i cuini les costelles fins que estiguin rosades al centre.*

2 cullerades d'oli d'oliva

8 costelles de xai de llom o costella, d'1 polzada de gruix, retallades

4 dents d'all, lleugerament triturades

3 o 4 branquetes de romaní (2 polzades)

Sal i pebre negre acabat de moldre

1 tassa de vi blanc sec

1. En una paella prou gran com per contenir les costelles còmodament en una sola capa, calenta l'oli a foc mitjà-alt. Quan l'oli estigui calent, assequeu les costelles. Empolvoreu les costelles amb sal i pebre, després col·loqueu-les a la paella.

Cuini fins que les costelles estiguin daurades, uns 4 minuts. Escampeu l'all i el romaní al voltant de la carn. Amb unes pinces, voltegeu les costelles i daureu per l'altra banda, uns 3 minuts. Transferiu les costelles a un plat.

2. Afegiu el vi a la paella i cuini a foc lent. Cuini, raspant i barrejant els trossos daurats al fons de la paella, fins que el vi es redueixi i espesseixi lleugerament, aproximadament 2 minuts.

3. Torneu les costelles a la paella i cuineu-les 2 minuts més, donant-los la volta a la salsa una o dues vegades fins que estiguin rosades quan es tallen prop de l'os. Transfereixi les costelles a una font, aboqui els sucs de la paella sobre les costelles i serveixi immediatament.

# Xuletes de Xai amb Tàperes, Llimona i Sàlvia

## Braciole di Agnello amb Capperi

**Rendeix 4 porcions**

*Vecchia Roma és un dels meus restaurants romans preferits. Al marge de l'antic gueto, té un bonic jardí a l'aire lliure per menjar quan el clima és càlid i assolellat, però també gaudeixo dels acollidors menjadors interiors quan fa fred o plou. Aquest xai està inspirat en un plat que vaig tastar allà elaborat amb petites llavors de xai de llet. En canvi, ho he adaptat a les costelles tendres, perquè aquí estan àmpliament disponibles.*

1 cullerada d'oli d'oliva

8 costelles de xai de llom o costella, d'1 polzada de gruix, retallades

Sal i pebre negre acabat de moldre

1/2 tassa de vi blanc sec

3 cullerades de suc de llimona fresca

3 cullerades de tàperes, esbandidas i picades

6 fulles fresques de sàlvia

1. En una paella gran, escalfeu l'oli a foc mitjà-alt. Assequeu les costelles. Quan l'oli estigui calent, empolvora'ls amb sal i pebre, després col·loca les costelles a la paella. Cuini fins que les costelles estiguin daurades, uns 4 minuts. Amb unes pinces, voltegeu les costelles i daureu per l'altra banda, uns 3 minuts. Transferiu les costelles a un plat.

2. Aboqui el greix de la paella. Redueix la calor com a mínim. Remeneu el vi, el suc de llimona, les tàperes i la sàlvia a la paella. Deixeu bullir a foc lent i cuini 2 minuts o fins que estigui lleugerament ensucrat.

3. Torneu les costelles a la paella i doneu-los la volta una o dues vegades fins que estiguin completament calentes i estiguin rosades quan es tallen prop de l'os. Serviu-ho immediatament.

## Xuletes de xai cruixents

### Braciolette Croccante

**Rendeix 4 porcions**

*A Milà, vaig menjar costelles de cabra preparades d'aquesta manera, acompanyades de cors de carxofa fregits al mateix arrebossat cruixent. Els romans usen petites costelles de xai en lloc de cabra i ometen el formatge. De totes maneres, una amanida mixta cruixent és l'acompanyament perfecte.*

8 a 12 costelles de xai de costella, d'aproximadament 3/4 de polzada de gruix, ben retallades

2 ous grans

Sal i pebre negre acabat de moldre

1 1/4 tasses de pa ratllat sec

1/2 tassa de Parmigiano-Reggiano acabat de ratllar

Oli d'oliva per fregir

1. Col·loqueu les costelles en una taula de tallar i colpege suaument la carn fins que tingui un gruix d'aproximadament 1/2 polzada.

2. En un plat pla, bateu els ous amb sal i pebre al gust. Barregeu el pa ratllat amb el formatge en un full de paper encerat.

3. Submergeixi les costelles una alhora als ous, després enrotlleu-les al pa ratllat, donant-li copets bé a les molles.

4. Enceneu el forn al mínim. Aboqui aproximadament 1/2 polzada d'oli en una paella profunda. Escalfeu l'oli a foc mitjà-alt fins que una mica de la barreja d'ou es cuini ràpidament quan s'aboca a l'oli. Amb unes pinces, poseu amb compte algunes de les costelles a l'oli sense omplir la paella. Cuini fins que estigui daurat i cruixent, de 3 a 4 minuts. Donar la volta a les costelles amb pinces i daurar, 3 minuts. Escorre les costelles sobre paper tovallola. Mantingueu les costelles fregides calentes al forn mentre fregeix la resta. Serviu-ho calent.

# Xuletes de Xai amb Carxofes i Olives

## Costolette di Agnello ai Carciofi i Olive

**Rendeix 4 porcions**

*Tots els ingredients d'aquest platet es cuinen a la mateixa paella perquè els sabors complementaris del xai, les carxofes i les olives es barregin suaument. Una verdura brillant com pastanagues o tomàquets enfornats seria un bon acompanyament.*

2 cullerades d'oli d'oliva

8 costelles de xai de costella o llom, d'aproximadament 1 polzada de gruix, retallades

Sal i pebre negre acabat de moldre al gust.

2 cullerades d'oli d'oliva

3 1/4 tassa de vi blanc sec

8 carxofes petites o 4 mitjanes, retallades i tallades a vuitens

1 gra d'all finament picat

1 1/2 tassa d'olives negres petites suaus, com Gaeta

1 cullerada de julivert fresc picat

1. En una paella prou gran per mantenir les costelles en una sola capa, calenta l'oli a foc mitjà. Assequi el xai amb copets. Quan l'oli estigui calent, empolvora les costelles amb sal i pebre, després col·loca-les a la paella. Cuini fins que les costelles estiguin daurades, de 3 a 4 minuts. Amb unes pinces, voltegeu les costelles perquè es daurin per l'altra banda, aproximadament 3 minuts. Transferiu les costelles a un plat.

2. Encén el foc a mig-baix. Afegiu el vi i deixeu bullir a foc lent. Cuini 1 minut. Afegeix les carxofes, l'all i sal i pebre al gust. Tapeu la paella i cuini 20 minuts o fins que les carxofes estiguin tendres.

3. Afegiu les olives i el julivert i cuini 1 minut més. Torneu les costelles a la paella i cuini, donant volta al xai una o dues vegades fins que estigui ben calent. Serviu-ho immediatament.

# Xuletes de Xai amb Salsa de Tomàquet, Tàperes i Anxoves

## Costelette d'Agnello a Salsa

**Rendeix 4 porcions**

Una salsa de tomàquet picant dóna gust a aquestes costelles estil Calabrese. Les costelles de porc també es poden cuinar així.

2 cullerades d'oli d'oliva

8 costelles de xai de costella o llom, d'aproximadament 3/4 de polzada de gruix, retallades

6 a 8 tomàquets pruna, pelats, sense llavors i picats

4 filets d'anxova picats

1 cullerada de tàperes, esbandidas i picades

2 cullerades de julivert fresc picat

1. En una paella prou gran com per contenir les costelles còmodament en una sola capa, calenta l'oli a foc mitjà. Quan l'oli estigui calent, assequeu les costelles. Empolvoreu les costelles amb sal i pebre, després afegiu les costelles a la paella. Cuini fins

que les costelles estiguin daurades, uns 4 minuts. Amb unes pinces, voltegeu les costelles i daureu per l'altra banda, uns 3 minuts. Transferiu les costelles a un plat.

2. Afegeix els tomàquets, les anxoves i les tàperes a la paella. Afegeix un pessic de sal i pebre al gust. Cuini 5 minuts o fins que espesseixi una mica.

3. Torneu les costelles a la paella i cuini, donant-los la volta una o dues vegades a la salsa fins que estiguin calentes i rosades quan es tallen prop de l'os. Empolvoreu amb julivert i serveixi immediatament.

# Xuletes de xai "cremar els dits"

## Agnello a Scottadito

**Rendeix 4 porcions**

A la recepta que va inspirar aquest plat, d'un vell llibre de cuina de la cuina d'Umbría, el greix de prosciutto finament picat dóna gust al xai. La majoria de cuiners substitueixen avui l'oli d'oliva. Els costons de xai també són bons d'aquesta manera.

És de suposar que el nom prové de la idea que les costelles són tan delicioses que no pot evitar menjar-les immediatament: calentes, acabades de treure de la graella o de la paella.

1/4 tassa d'oli d'oliva

2 dents d'all finament picades

1 cullerada de romaní fresc picat

1 culleradeta de farigola fresca picada

8 costelles de xai, d'aproximadament 1 polzada de gruix, retallades

Sal i pebre negre acabat de moldre

1. En un bol petit, barregeu l'oli, l'all, les herbes i la sal i pebre al gust. Raspalli la barreja sobre el xai. Cobreixi i refrigeri 1 hora.

2. Col·loqueu una graella o graella a unes 5 polzades de distància de la font de calor. Preescalfeu la graella o la graella.

3. Treu una mica de la marinada. Rosti o rostit les costelles fins que estiguin daurades i cruixents, aproximadament 5 minuts. Amb unes pinces, voltegeu les costelles i cuini fins que estiguin daurades i lleugerament rosades al centre, uns 5 minuts més. Serviu-ho calent.

## Xai a la brasa, estil Basilicata

## Agnello allo Spiedo

**Rendeix 4 porcions**

*Basilicata pot ser millor coneguda per la seva representació en Crist detingut a Eboli de Carlo Levi. L'autor va pintar un retrat desolador de la regió abans de la Segona Guerra Mundial, quan molts presos polítics van ser enviats a l'exili. Avui dia, Basilicata, encara que encara està escassament poblada, està prosperant, i molts turistes s'hi aventuren per les belles platges properes a Maratea.*

*El porc i el xai són carns típiques d'aquesta regió, i tots dos es combinen en aquesta recepta. La cansalada que envolta els cubs de xai es torna cruixent i saborosa. Manté el xai humit i li dóna sabor mentre es rosteix.*

1 1/2 lliures de cama de xai desossada, tallada a trossos de 2 polzades

2 dents d'all finament picades

1 cullerada de romaní fresc picat

Sal i pebre negre acabat de moldre

4 unces de cansalada a rodanxes fines

1/4 tassa d'oli d'oliva

2 cullerades de vinagre de vi negre

1. Col·loqueu una graella per a barbacoa o graella a unes 5 polzades de la font de calor. Preescalfeu la graella o la graella.

2. En un bol gran, barregi el xai amb l'all, el romaní i sal i pebre al gust.

3. Desenrotlla les rodanxes de cansalada. Emboliqui una rodanxa de cansalada al voltant de cada tros de xai.

4. Enfila el xai en broquetes de fusta, assegurant la cansalada al seu lloc amb la broqueta. Col·loqueu les peces juntes sense amuntegar-se. En un bol petit, barregeu l'oli i el vinagre. Raspalli la barreja sobre el xai.

5. Rosteix o rosteix les broquetes, donant-los la volta de tant en tant, fins que estiguin cuites al gust; de 5 a 6 minuts per a les broquetes a foc mitjà. Serviu-ho calent.

# Broquetes de Xai a la Graella

## Arrosticini

**Rendeix 4 porcions**

A Abruzzo, es marinen petits mossells de xai, s'enfilen en broquetes de fusta i es rosteixen a la graella sobre foc calent. Les broquetes cuites se serveixen dempeus en una tassa o gerra alta, i tots se serveixen, menjant-se el be directament dels palets. Són ideals per a un bufet, servits amb pebrots rostits o saltats.

2 alls

Sal

1 lliura de xai de la cama, retallat i tallat a trossos de 3/4 de polzada

3 cullerades d'oli d'oliva extra verge

2 cullerades de menta fresca picada

1 culleradeta de farigola fresca picada

Pebre negre acabat de moldre

1. Pica l'all molt fi. Empolvoreu l'all amb un pessic de sal i tritureu-lo amb el costat d'un ganivet de xef gran i pesat fins a obtenir una pasta fina.

2. En un bol gran, barregeu el xai amb la pasta d'all, oli, herbes i sal i pebre al gust. Cobreixi i deixi marinar a temperatura ambient durant 1 hora oa la nevera durant diverses hores o durant la nit.

3. Col·loqueu una graella per a barbacoa o graella a unes 5 polzades de la font de calor. Preescalfeu la graella o la graella.

4. Enfila la carn a les broquetes. Col·loqueu les peces juntes sense amuntegar-se. Rosteix o rosteix el xai durant 3 minuts o fins que es dauri. Donar la volta a la carn amb pinces i cuinar de 2 a 3 minuts més o fins que estigui daurada per fora però encara rosada al centre. Serviu-ho calent.

# Estofat de Xai amb Romero, Menta i Vi Blanc

## Agnello a Umido

**Rendeix 4 porcions**

*La paleta de xai és ideal per cuinar. La carn té prou humitat per resistir una cocció lenta i perllongada, i encara que és dura si es cuina poc, resulta tendra com una forquilla en un guisat. Si només es disposa de paleta de xai amb os, es pot adaptar a receptes de guisat. Calculeu una lliura o dues més de carn amb os, depenent de què tan ossuda sigui. Cuini el xai amb os uns 30 minuts més que el desossat, o fins que la carn es desprengui dels ossos.*

2 1/2 lliures de paleta de xai desossada, tallada a trossos de 2 polzades

1 1/4 tassa d'oli d'oliva

Sal i pebre negre acabat de moldre al gust.

1 ceba gran picada

4 dents d'all picades

2 cullerades de romaní fresc picat

2 cullerades de julivert fresc picat

1 cullerada de menta fresca picada

1/2 tassa de vi blanc sec

Aproximadament 1/2 tassa de brou de res (Brou de carn) o aigua

2 cullerades de pasta de tomàquet

1. En un forn holandès gran o una altra olla profunda i pesada amb tapa hermètica calenta l'oli a foc mitjà. Asseca el xai amb tovalloles de paper. Col·loqueu a l'olla tantes peces de xai com càpiguen còmodament en una sola capa. Cuini, remenant amb freqüència, fins que es dauri per tot arreu, aproximadament 20 minuts. Transferiu el xai daurat a un plat. Escampar-hi sal i pebre. Cuini el xai restant de la mateixa manera.

2. Quan tota la carn estigui daurada, traieu l'excés de greix amb una cullera. Afegiu la ceba, l'all i les herbes i remeni bé. Cuini fins que la ceba s'hagi pansit, uns 5 minuts.

3. Afegiu el vi i cuini a foc lent, raspant i barrejant els trossos daurats al fons de l'olla. Cuini 1 minut.

4. Afegeix-hi el brou i la pasta de tomàquet. Reduïu el foc a baix. Tapeu i cuini 1 hora, remenant ocasionalment, o fins que el xai estigui tendre. Afegiu una mica daigua si la salsa sasseca massa. Serviu-ho calent.

# Estofat de Xai d'Umbría amb Puré de Cigrons

## Agnello del Colle

**Rendeix 6 porcions**

*La polenta i el puré de papes són acompanyaments freqüents dels guisats a Itàlia, així que em va sorprendre quan aquest guisat es va servir amb puré de cigrons a Umbria. Els cigrons enllaunats funcionen bé, o pot cuinar cigrons secs amb anticipació.*

2 cullerades d'oli d'oliva

3 lliures de paleta de xai desossada, tallada a trossos de 2 polzades

Sal i pebre negre acabat de moldre

2 dents d'all finament picades

1 tassa de vi blanc sec

1 1/2 tasses de tomàquets frescos o enllaunats picats

1 paquet (10 unces) de xampinyons blancs, a rodanxes

2 llaunes (16 unces) de cigrons o 5 tasses de cigrons cuits

Oli d'oliva verge extra

1. En un forn holandès gran o una altra olla profunda i pesada amb tapa hermètica calenta l'oli a foc mitjà. Poseu a l'olla suficients trossos de xai que càpiguen còmodament en una sola capa. Cuini, remenant ocasionalment, fins que es dauri per tot arreu, aproximadament 20 minuts. Transferiu el xai daurat a un plat. Escampar-hi sal i pebre. Cuini el xai restant de la mateixa manera.

2. Quan tota la carn estigui daurada, aboqueu l'excés de greix de la paella. Escampar l'all a la paella i cuinar 1 minut. Afegeix el vi. Amb una cullera de fusta, rasp i barregi amb els trossos daurats al fons de la paella. Deixeu bullir a foc lent i cuini 1 minut.

3. Torneu el xai a l'olla. Afegiu els tomàquets i els xampinyons i cuini a foc lent. Reduïu el foc a baix. Tape i cuini, remenant ocasionalment, 1 hora i mitja o fins que el xai estigui tendre i la salsa es redueixi. Si hi ha massa líquid, traieu la tapa durant els últims 15 minuts.

4. Just abans de servir, escalfa els cigrons i el líquid en una cassola mitjana. Després transferiu-los a un processador d'aliments per fer puré o tritureu-los amb un matxador de papes. Afegeix-hi una mica d'oli d'oliva extra verge i pebre negre al gust. Torneu a escalfar si cal.

**5.** Per servir, col·loqueu alguns dels cigrons a cada plat. Encercla el puré amb l'estofat de xai. Serviu-ho calent.

# Xai estil caçador

## Agnello alla Cacciatora

**Rendeix de 6 a 8 porcions**

*Els romans fan aquest estofat de xai amb abbacchio, xai tan jove que mai no ha menjat herba. Crec que el sabor dels ous madurs combina millor amb el picant romaní picat, el vinagre, l'all i l'anxova que acaben la salsa.*

4 lliures de paleta de xai amb os, tallada a trossos de 2 polzades

Sal i pebre negre acabat de moldre

2 cullerades d'oli d'oliva

4 dents d'all picades

4 fulles fresques de sàlvia

2 (2 polzades) branquetes de romaní fresc

1 tassa de vi blanc sec

6 filets d'anxova

1 culleradeta de fulles de romaní fresques finament picades

2 a 3 cullerades de vinagre de vi

1. Assequeu els trossos amb tovalloles de paper. Empolvoreu-los amb sal i pebre.

2. En un forn holandès gran o una altra olla profunda i pesada amb tapa hermètica calenta l'oli a foc mitjà. Afegiu prou xai perquè càpiga còmodament en una capa. Cuini, remenant, perquè es dauri bé per tot arreu. Transferiu la carn daurada a un plat. Continuar amb el xai restant.

3. Quan tot el xai estigui daurat, traieu la major part del greix de la paella amb una cullera. Afegeix la meitat de l'all, la sàlvia i el romaní i remena. Afegiu el vi i cuini 1 minut, raspant i barrejant els trossos daurats al fons de la paella amb una cullera de fusta.

4. Torneu els trossos de xai a la paella. Redueix la calor com a mínim. Tape i cuini, remenant ocasionalment, durant 2 hores o fins que el xai estigui tendre i es desprengui dels ossos. Afegiu una mica daigua si el líquid sevapora massa ràpid.

5. Per fer el pesto: Pica les anxoves, el romaní i l'all restant. Col·loca'ls en un bol petit. Afegiu la quantitat suficient de vinagre per formar una pasta.

**6.** Remeneu el pesto al guisat i cuini a foc lent durant 5 minuts. Serviu-ho calent.

# Guisat de Xai, Papa i Tomàquet

## Stufato di Agnello i Verdure

**Rendeix de 4 a 6 porcions**

*Encara que solc utilitzar paleta de xai per guisar, de vegades ús retallades que sobren de la cama o la cama. La textura d'aquests talls és una mica més mastegable, però requereixen menys cocció i tot i així fan un bon guisat. Tingueu en compte que en aquesta recepta del sud d'Itàlia, la carn es col·loca a l'olla d'una vegada, de manera que només es daura lleugerament abans d'afegir els altres ingredients.*

1 ceba gran picada

2 cullerades d'oli d'oliva

2 lliures de cama o cama de xai desossada, tallada a trossos d'1 polzada

Sal i pebre negre acabat de moldre, al gust.

1/2 tassa de vi blanc sec

3 tasses de tomàquets enllaunats escorreguts i picats

1 cullerada de romaní fresc picat

1 lliura de papes bullint zeroses, tallades a trossos d'1 polzada

2 pastanagues, tallades a rodanxes de 1/2 polzada de gruix

1 tassa de pèsols frescos o pèsols congelats, parcialment descongelats

2 cullerades de julivert fresc picat

1. En un forn holandès gran o una altra olla profunda i pesada amb tapa hermètica, cuini la ceba a l'oli d'oliva a foc mitjà fins que s'estovi, aproximadament 5 minuts. Afegeix el xai. Cuini, remenant amb freqüència, fins que les peces estiguin lleugerament daurades. Escampar-hi sal i pebre. Afegiu el vi i deixeu-ho a foc lent.

2. Afegeix els tomàquets i el romaní. Redueix la calor com a mínim. Tapeu i cuini 30 minuts.

3. Afegeix les papes, les pastanagues i la sal i pebre al gust. Cuini a foc lent 30 minuts més, remenant ocasionalment, fins que el xai i les papes estiguin tendres. Afegeix els pèsols i cuina 10 minuts més. Empolvoreu amb julivert i serveixi immediatament.

# Guisat de Xai i Pebre

## Spezzato d'Agnello amb Peperone

**Rendeix 4 porcions**

*La picor i la dolçor dels pebrots i la riquesa dels ous els converteixen en dos aliments perfectament adequats entre si. En aquesta recepta, una vegada que la carn estigui daurada, hi ha poc a fer excepte remenar-la de tant en tant.*

1/4 tassa d'oli d'oliva

2 lliures de paleta de xai desossada, tallada a trossos de 1 1/2 polzades

Sal i pebre negre acabat de moldre, al gust.

1/2 tassa de vi blanc sec

2 cebes mitjanes, a rodanxes

1 pebrot vermell gran

1 pebrot verd gran

6 tomàquets pruna, pelats, sense llavors i picats

1. En una cassola gran o en un forn holandès, escalfeu l'oli a foc mitjà. Assequi el xai amb copets. Afegiu prou xai a la paella perquè càpiga còmodament en una sola capa. Cuini, remenant, fins que es dauri per tot arreu, aproximadament 20 minuts. Transferiu el xai daurat a un plat. Continueu cuinant el xai restant de la mateixa manera. Empolvora tota la carn amb sal i pebre.

2. Quan tota la carn estigui daurada, traieu l'excés de greix amb una cullera. Afegiu el vi a l'olla i regiri bé, raspant els trossos daurats. Portar a foc lent.

3. Torneu el xai a l'olla. Afegiu les cebes, els pebrots i els tomàquets. Reduïu el foc a baix. Tapeu l'olla i cuini per 1 hora i mitja o fins que la carn estigui molt tendra. Serviu-ho calent.

## Cassola De Xai Amb Ous

*Agnello Cacio i Uova*

**Rendeix 6 porcions**

*Com que els ous i el xai estan associats amb la primavera, és natural combinar-los a les receptes. En aquest plat, popular d'una manera o altra al centre i sud d'Itàlia, els ous i el formatge formen un guarniment lleuger de crema per a un estofat de xai. És una recepta típica de Pasqua, per la qual cosa si voleu preparar-la per al dinar nadalenc, transferiu l'estofat cuit a una bonica cassola per coure i servir abans d'afegir la cobertura. Una combinació de carn de xai de la cama i la paleta li dóna una textura més interessant.*

2 cullerades d'oli d'oliva

2 cebes mitjanes

3 lliures de cama i espatlla de xai desossat, retallat i tallat a trossos de 2 polzades

Sal i pebre negre acabat de moldre al gust.

1 cullerada de romaní finament picat

1 1/2 tasses casolanesBrou de carnoBrou de pollastre, o brou de cap de bestiar o pollastre comprat a la botiga

2 tasses de pèsols frescos sense closca o 1 paquet (10 unces) de pèsols congelats, parcialment descongelats

3 ous grans

1 cullerada de julivert fresc picat

1 1/2 tassa de Pecorino Romà acabat de ratllar

1. Col · loqueu una reixeta al centre del forn. Preescalfeu el forn a 425 ° F. En un forn holandès o una altra olla profunda i pesada amb una tapa hermètica, calenta l'oli a foc mitjà. Afegeix-hi la ceba i el xai. Cuini, remenant ocasionalment, fins que el xai estigui lleugerament daurat per tot arreu, aproximadament 20 minuts. Escampar-hi sal i pebre.

2. Afegeix-hi el romaní i el brou. Revuelva bé. Tapeu i fornegeu, remenant ocasionalment, 60 minuts o fins que la carn estigui tendra. Afegiu una mica daigua tèbia si és necessari per evitar que el xai sassequi. Afegiu els pèsols i cuini 5 minuts més.

3. En un bol mitjà, bateu els ous, el julivert, el formatge i la sal i pebre al gust, fins que estiguin ben barrejats. Aboqui la barreja uniformement sobre el xai.

**4.** Fornegeu sense tapar durant 5 minuts o fins que els ous estiguin llestos. Serviu-ho immediatament.

## Xai o cabrit amb patates, estil sicilià

### Capretto o Agnello al Forn

**Rendeix de 4 a 6 porcions**

*Baglio Elena, a prop de Trapani a Sicília, és una granja en funcionament que produeix olives, oli d'oliva i altres aliments. També és una posada on els visitants poden aturar-se a menjar en un encantador menjador rústic o quedar-se de vacances. Quan vaig visitar, em van servir un sopar de diversos plats d'especialitats sicilianes que incloïa diversos tipus d'olives preparades de diferents maneres, excel·lent salame fet al lloc, una varietat de verdures i aquest senzill guisat. La carn i les papes es couen en cap altre líquid que no sigui una petita quantitat de vi i els sucs de la carn i les verdures, creant una simfonia de sabors.*

Kid està disponible a moltes carnisseries ètniques, incloses les d'Haití, Orient Mitjà i Itàlia. És tan similar al xai que pot ser difícil notar la diferència.

3 lliures de cabrit amb os (cabrit) o paleta de xai, tallada a trossos de 2 polzades

2 cullerades d'oli d'oliva

Sal i pebre negre acabat de moldre

2 cebes, a rodanxes fines

1/2 tassa de vi blanc sec

1/4 de culleradeta de clau mòlt

2 (2 polzades) branquetes de romaní

1 full de llorer

4 papes mitjanes per a tot ús, tallades a trossos d'1 polzada

2 tasses de tomàquets cherry, tallats per la meitat

2 cullerades de julivert fresc picat

**1.** Col·loqueu una reixeta al centre del forn. Preescalfeu el forn a 350 ° F. En un forn holandès gran o una altra olla profunda i pesada amb tapa hermètica, calenta l'oli a foc mitjà. Assequeu el xai amb tovalloles de paper. Afegiu la carn suficient perquè càpiga a l'olla còmodament sense amuntegar-se. Cuini, voltejant els trossos amb pinces fins que es daurin per tot arreu, uns 15 minuts. Transferiu les peces a un plat. Continueu cuinant la carn restant de la mateixa manera. Escampar-hi sal i pebre.

2. Quan tota la carn estigui daurada, traieu la major part del greix de la paella. Afegiu la ceba i cuini, remenant ocasionalment, fins que la ceba s'hagi pansit, aproximadament 5 minuts.

3. Torneu la carn a l'olla. Afegiu el vi i deixeu-ho a foc lent. Cuini 1 minut, remenant amb una cullera de fusta. Afegeix els claus, el romaní, la fulla de llorer i sal i pebre al gust. Tapeu l'olla i transferiu-la al forn. Cuini 45 minuts.

4. Afegeix les papes i els tomàquets. Tapeu i cuini 45 minuts més o fins que la carn i les papes estiguin tendres en punxar-les amb una forquilla. Escampar-hi julivert i servir calent.

## Cassola de papes i xai d'Apulia

### Tiella di Agnello

**Rendeix 6 porcions**

*Els guisats en capes fornejats al forn són una especialitat d'Apulia. Es poden fer amb carn, peix o verdures, alternant amb patates, arròs o pa ratllat. Tiella és el nom que se li dóna tant a aquest mètode de cocció com al tipus de plat en què es cuina la cassola. La clàssica tiella és un plat fondo rodó fet de terracota, encara que actualment se solen utilitzar cassoles de metall.*

*El mètode de cocció és el més inusual. Cap dels ingredients no està daurat ni precuit. Tot es col·loca en capes i s'enforna fins que estigui tendre. La carn estarà ben feta, però encara humida i deliciosa perquè els trossos estan rodejats per les papes. La capa inferior de papes es fon suau i tendra i és plena de carn i sucs de tomàquet, mentre que la capa superior surt tan cruixent com papes fregides, encara que molt més saborosa.*

*Per a la carn, utilitzeu trossos de cama de xai ben retallats. Compro la meitat d'una cama de xai en papallona al supermercat, després la curt a casa en trossos de 2 a 3 polzades, retallant el greix. És perfecte per a aquesta recepta.*

4 cullerades d'oli d'oliva

2 lliures de papes per enfornar, pelades i en rodanxes fines

1/2 tassa de pa ratllat sec

1/2 tassa de Pecorí Romà o Parmigiano-Reggiano acabat de ratllar

1 gra d'all finament picat

1/2 tassa de julivert fresc picat

1 cullerada de romaní fresc picat o 1 culleradeta seca

1/2 culleradeta d'orenga seca

Sal i pebre negre acabat de moldre

2 1/2 lliures de xai desossat, retallat i tallat a trossos de 2 a 3 polzades

1 tassa de tomàquets enllaunats escorreguts, picats

1 tassa de vi blanc sec

1/2 tassa d'aigua

1. Col·loqueu una reixeta al centre del forn. Preescalfeu el forn a 400 °F. Unteu 2 cullerades d'oli en un motlle per enfornar de 13 × 9 × 2 polzades. Assequeu les papes amb copets i escampeu-ne

aproximadament la meitat, superposant lleugerament, en el fons de la paella.

2. En un bol mitjà, barregeu el pa ratllat, el formatge, l'all, les herbes i la sal i pebre al gust. Escampar la meitat de la barreja de molles sobre les papes. Col·loca la carn a sobre de les molles. Assaona la carn amb sal i pebre. Esteneu els tomàquets sobre la carn. Col·loca les papes restants a sobre. Aboqui el vi i laigua. Escampar la resta de la barreja de molles sobretot. Ruixeu amb les 2 cullerades restants d'oli d'oliva.

3. Fornegeu de 11/2 a 13/4 hores o fins que la carn i les papes estiguin tendres en punxar-les amb una forquilla i tot estigui ben daurat. Serviu-ho calent.

## Cama de Xai amb Cigrons

### Stinco di Agnello amb Ceci

**Rendeix 4 porcions**

*Els mànecs necessiten una cocció lenta i perllongada, però quan estan llestos, la carn està humida i gairebé es fon a la boca. Si compreu cuixes de xai al supermercat, és possible que la carn necessiti una retallada addicional. Amb un petit ganivet per desossar, talleu la major quantitat de greix possible, però deixeu intacta la fina capa d'aspecte nacrat de la carn coneguda com a pell platejada. Ajuda que la carn mantingui la seva forma mentre es cuina. Utilitzo potes per a una sèrie de receptes que els italians farien amb la cama de xai més petita.*

2 cullerades d'oli d'oliva

4 potes de xai petites, ben retallades

Sal i pebre negre acabat de moldre

1 ceba petita picada

2 tasses de brou de res (Brou de carn)

1 tassa de tomàquets pelats, sense llavors i picats

1/2 culleradeta de marduix sec o farigola

4 pastanagues, pelades i tallades a trossos d'1 polzada

2 costelles d'api tendres, tallades a trossos d'1 polzada

3 tasses de cigrons cuits o 2 llaunes (de 16 unces), escorreguts

**1.** En un forn holandès prou gran com per mantenir els plançons en una sola capa, o una altra olla profunda i pesada amb una tapa hermètica, calenta l'oli a foc mitjà. Assequeu les cames de xai i doreu-les bé per tot arreu, aproximadament 15 minuts. Inclineu la paella i traieu l'excés de greix amb una cullera. Escampar-hi sal i pebre. Afegeix la ceba i cuina 5 minuts més.

**2.** Afegiu el brou, els tomàquets i la marduix i cuini a foc lent. Reduïu el foc a baix. Tapeu i cuini durant 1 hora, voltejant les potes de tant en tant.

**3.** Afegeix-hi les pastanagues, l'api i els cigrons. Cuini 30 minuts més o fins que la carn estigui tendra en punxar-la amb un ganivet petit. Serviu-ho calent.

# Cama de Xai amb Pebrots i Prosciutto

## Brasato di Stinco di Agnello amb Peperoni i Prosciutto

**Rendeix 6 porcions**

A Senagalia, a la costa adriàtica de les Marques, vaig menjar a l'Osteria del Tempo Perso, al centre històric d'aquest encantador nucli antic. Com a primer plat, vaig menjar cappelletti, barretets farcits de pasta fresca amb salsitxa i salsa de verdures, seguit d'un estofat de xai cobert amb pebrots morrons de colors vius i tires de prosciutto. He adaptat els sabors del guisat a les cames de xai en aquesta recepta.

4 cullerades d'oli d'oliva

6 cames de xai petites, ben retallades

Sal i pebre negre acabat de moldre

1 1/2 tassa de vi blanc sec

Branca de 2 polzades de romaní fresc o 1/2 culleradeta seca

    1 1/2 tassesBrou de carn

2 pebrots morrons vermells, tallats a tires de 1/2 polzada

1 pebrot groc, tallat a tires de 1/2 polzada

1 cullerada de mantega sense sal

2 unces de prosciutto italià importat a rodanxes, tallat a tires fines

2 cullerades de julivert fresc picat

1. En un forn holandès prou gran per sostenir les cames de xai en una sola capa, o una altra olla profunda i pesada amb una tapa hermètica, calenta l'oli a foc mitjà. Assequeu les cames de xai. Daurar-los bé per tot arreu, girant els trossos amb pinces, uns 15 minuts. Inclineu la paella i traieu l'excés de greix amb una cullera. Escampar-hi sal i pebre.

2. Afegiu el vi i cuini, raspant i barrejant els trossos daurats al fons de la paella amb una cullera de fusta. Deixeu bullir a foc lent i cuini 1 minut.

3. Afegeix-hi el romaní i el brou i deixa que el líquid bulli a foc lent.

4. Cobriu parcialment la paella. Reduïu el foc a baix. Cuini, voltejant la carn de tant en tant, fins que el xai estigui molt tendre en punxar-lo amb una forquilla, al voltant de 11/4 a 11/2 hores.

5. Mentre es cuina el be, en una cassola mitjana, combineu els pebrots, la mantega i 2 cullerades d'aigua a foc mitjà. Tapeu i

cuini per 10 minuts, o fins que les verdures estiguin gairebé tendres.

6. Afegeix els pebrots estovats i el pernil serrà al xai juntament amb el julivert. Cuini sense tapar a foc mitjà fins que els pebrots estiguin tendres, uns 5 minuts.

7. Amb una escumadora, transferiu les cames i els pebrots a la font escalfada. Cobreixi i mantingui calent. Si el líquid que queda a la paella és massa prim, pugeu el foc a alt i bulli fins que es redueixi i espesseixi lleugerament. Prova i ajusta la saó. Aboqui la salsa sobre el xai i serveixi immediatament.

# Cama de Xai amb Tàperes i Olives

## Stinchi di Agnello amb Capperi i Olive

**Rendeix 4 porcions**

*A Sardenya, la carn de cabra es fa servir típicament per a aquest plat. Els sabors de xai i cabra són molt similars, per la qual cosa les cuixes de xai són un bon substitut i són molt més fàcils de trobar.*

2 cullerades d'oli d'oliva

4 potes de xai petites, ben retallades

Sal i pebre negre acabat de moldre

1 ceba mitjana picada

3/4 tassa de vi blanc sec

1 tassa de tomàquets frescos o enllaunats pelats, sense llavors i picats

1/2 tassa d'olives negres picades i sense pinyol, com Gaeta

2 dents d'all finament picades

2 cullerades de tàperes, esbandidas i picades

2 cullerades de julivert fresc picat

1. En un forn holandès prou gran com per mantenir els plançons en una sola capa, o una altra olla profunda i pesada amb una tapa hermètica, calenta l'oli a foc mitjà. Assequi el xai amb copets i es dauri bé per tot arreu. Traieu l'excés de greix amb una cullera. Escampar-hi sal i pebre.

2. Escampar la ceba al voltant del xai i cuinar fins que la ceba s'estovi, uns 5 minuts. Afegeix el vi i cuina 1 minut. Afegiu els tomàquets i cuini a foc lent. Reduïu el foc a baix i cobriu la paella. Cuini de 1 a 1 1/2 hores, voltejant les potes de tant en tant, fins que la carn estigui molt tendra en punxar-la amb un ganivet.

3. Afegiu les olives, l'all, les tàperes i el julivert i cuini 5 minuts més, voltejant la carn per cobrir amb la salsa. Serviu-ho calent.

www.ingramcontent.com/pod-product-compliance
Lightning Source LLC
Chambersburg PA
CBHW071423080526
44587CB00014B/1728